七大世界創意之都的智慧與人文力量

魅力城市
The Allure of Cities

The wisdom and humanity of seven
UNESCO creative cities

林月雲、張朝清、劉鳳娟、林智偉——著

目錄

PART 1　　　北陸的小京都
　　　　　　　百年工藝之都：日本金澤

**雪地中的綠洲
美食之都：瑞典厄斯特松德**

**沙漠中的設計
工藝與傳統藝術之都：美國聖塔菲**

佛朗明哥的發源地
古典歌劇之城：西班牙賽維利亞

PART 2 **未來城市的代表**
世界數位藝術總部：法國里昂

書香滿溢的古城
文學的搖籃：英國諾威治

血脈中有「電影」的 DNA
電影之都：英國布拉德福德

推薦序一
看見 UNESCO 創意城市
落實臺灣創意城鄉

國立政治大學創新與創造力研究中心講座教授　吳靜吉

　　創意城市已經成為地方和中央各級政府，以及聯合國共同的語言和發展的目標。

　　1985 年歐盟首先推動文化之都的概念和選拔，到現在為止已經超過 50 個歐洲的城市被選為歐洲文化之都；主要的目的是在強調歐洲文化的豐富和多元性、讚揚歐洲人民共享的文化特色、增加歐洲公民對其共同文化區域的歸屬感，以及促進文化對城市發展的貢獻。這種概念和選拔的活動提供極佳的機會讓城市再生，並且提升城市的國際能見度、強化居民對其城市的意象，而讓城市吸納文化能量和新生命，這些種種作法最後自然而然就會推動該城市的觀光產業。

　　接著在 2002 年美國的區域發展教授佛羅里達（Richard Florida）出版了暢銷的《創意階級之興起》一書，創意城市的概念立即橫掃世界。從創意城市的三 T 逐漸發展為創意城市的四 T。首先，一個城市的發展不僅要留住也要吸引人才，所以第一個 T 就是人才（Talent）。第二個 T 就是科技（Technology）。科技、創新和研發都是促動城市經濟成長的關鍵元素，而科技、創新和研發也都需要經營管理的專業人才，這也就是為什麼許多創意城市裡都擁有國際視野和在地實踐的大學。大學的學術研究和應用發展的師生是創意城市的人才資本，大學也是教育和培訓人才的平台，所以教育和訓練的學者專家和師資也都是城鄉的智慧資本。廚師、木工、行銷、旅遊等讓生活更美好的各界達人，當然也是創意城市不可或缺的人才。

　　創意城市必須吸引的人才還包括從事文化藝術、社會企業、科學研發和創新創業的人才。這些創意人才特別需要包容力強、尊重創意和不同生活風格的城市，所以第三個 T 是包容（Tolerance）。

　　一個城市是否能吸引創意人才，也必須具備適合他們工作、生活、學習和休

閒的條件。這些條件包括創意人才嚮往的文化活動和創意生活風格之自然和人造的優勢，所以第四個 T 是風土人情（Territory Assets）。

2004 年聯合國教科文組織（UNESCO）也建構了創意城市網絡，更具體的以七個主題為創意城市的特色亮點；這七個主題包括文學、電影、音樂、民俗工藝、設計、美食和媒體藝術。主題的凸顯聚焦更容易推動創意城市的身分認證和特色發展。

不管是歐洲的文化之都或佛羅里達的創意城市或聯合國的主題創意城市，都各有其發展或評選的效標；但首先都必須根據這些效標盤點每個城市特色的智慧資本，作為建構創意城市的參照目標。

政大創新與創造力研究中心在實踐經濟部區域智慧資本三年計畫中，與宜蘭縣政府和資策會建立夥伴關係，共創創意城鄉的宜蘭。

我個人喜歡以創意城鄉代替創意城市。美國農業部區域經濟學家 Timothy Wojan 等人，發現在美國一些鄰近大都會的區域，分別聚集一批創意人才，就地發揮其創意和創新的能量，提升居住社區的生活水平和創意產值。原來這些人都因大都會的租金昂貴、生活吵雜而移居鄰近鄉村的藝術桃花源。

荷蘭的阿姆斯特丹在建構 2040 年的願景時，也了解城鄉的互補需求，而將其附近的鄉村納入規劃。

政大執行的區域智慧資本三年計畫，首先以宜蘭作為實例，在「宜蘭是一座博物館」的架構下，將宜蘭定位為大都會創意人才的桃花源。除了可以從歐洲的文化之都、佛羅里達的創意城市概念盤點宜蘭特色，我們更可以進一步借鏡 UNESCO 的主題創意城市之實踐，作為宜蘭發展的參考，最後，推展至全國甚至於中國大陸的城鎮。

林月雲特聘教授和她的團隊就是負責國際創意城市或城鄉的研究計畫。這本書就是這個計畫的部分成果。他們總共選擇了七個主題、七個城市作為中央和地方各級政府的參考。這些城市的人口，從五、六萬的瑞典厄斯特松德（Östersund）和美國聖塔非（Santa Fé）、45 萬的日本金澤到 220 萬左右的法國里昂。以這些城市的人口來說，每一個臺灣的縣市和鄉鎮幾乎可以認真盤點各自特色以發展其創意城鄉的願景。

　　希望臺灣未來的各級政府首長及其執政團隊都能夠從這本書看見 UNESCO 創意城市，進一步落實臺灣創意城鄉。

推薦序二
最有魅力的風景是人

國立政治大學科技管理與智慧財產研究所教授　溫肇東

　　智慧城市、宜居城市、幸福城市、創意城鄉、魅力城市各有不同的評鑑指標，也針對不同的價值與目的。不過相同的是對土地和人民實質的生活有更多的重視，不會流於總體經濟，只針對整個國家的衡量，而對地方及人民卻相對無感。不過即使以上這些概念是以城市為單位，且強調貼近人民生活的感受，但不同的學者、專家對相似指標的詮釋和表達也十分不同。

　　有一次在南部創意城鄉的國際研討會中，發現台灣的報告人，包括文化局長、觀光局長，投影片中是以歷史、古蹟、建築、民藝、工藝的器物為主，而外國的報告者投影片上都是愉悅的人及其微笑的臉孔，強調地方的宜居（livable）、可愛（lovable）及幸福快樂（happiness）。

　　當我們在觀察一個城市時，當然其自然山水的秉賦（Natural Capital）；人為的努力（Man-made Capital）很重要，包括基礎建設、歷史建築遺跡等；人力資本（Human Capital）則代表能吸引了什麼人在此生活、工作；以及這些人之間的互動所形成的社會資本（Social Capital），後二者都較是「以人為本」的思考。

　　有形的東西容易衡量、觀察與保存，無形的資產較難掌握、維繫及表達。就像我們在爭取世界設計之都、或各國在爭取奧運時（2012 英國倫敦、2016 巴西里約熱內盧）時，投標的影片由主調多半會以這個城市的「人」為核心，不只是優秀的專業選手（設計師、運動員），各行各業、男女老少都熱烈歡迎這個盛會，尤其因在爭取時都是活動的四、五年前，是未來導向的促銷，因此年輕人甚至小孩（未來主人翁）才是重要的主角。

　　本書介紹了七個創意城市，百年工藝之都 - 日本金澤（Kanazawa）、美食之都 - 瑞典厄斯特松德（Östersund）、工藝與傳統藝術之都 - 美國聖塔菲（Santa Fé）、古典歌劇之城 - 西班牙賽維利亞（Sevilla）、世界數位藝術總部 - 法國里昂（Lyon）、文學的搖籃 - 英國諾威治（Norwich）、電影之都 - 英國布拉德福德

（Bradford）。作者在前言就用瑞典「美食之都」厄斯特松德的一位餐廳主人菲亞（Fia），努力為促成這件事的故事揭開序幕，人其實是城市中最重要的關鍵，他才會帶來城市的活力或魅力。

這七個城市都是聯合國科教文組織所登錄的創意城市，聯合國成立已70年，70年來國際政治、經濟及科技、環境、國與國之間競合狀態都有很大的改變。聯合國對國際間政治紛爭的解決逐漸力有未逮，但為了全人類之間的和平、合作及相互學習，最適合、可行的單位可能是在城市的層次，而且交流、互動的主題可能是科學、教育、文化這些非零合的項目，較能超越國族的界線。

「山不在高，有仙則名」，城市也不在大，只要有動人的故事、或有魅力的人物，就能吸引人。書中這些城市多是中小型城市，反而「大都市」過份多元的發展，不容易聚焦其「特色」。像紐約、倫敦、巴黎、柏林，或東京、首爾、上海都是地域廣大、人口眾多且密集，等於是好幾個城市的組合，哪一個特色才代表這個城市，反而全因民主程序，在議會或輿論上會吵個沒完沒了。中、小城市因必須凸顯其特色，才有機會勝出，反而較易形成共識與認同，得到國際間的注意或爭取到頭銜。

但話說回來，這些城市很少是以得獎（頭銜）為目標，而是某些人為了其理想、夢想，強烈的動機、使命感驅動他們去做他們想做、該做的事。當然這些事多半能結合該城市不同的秉賦、天然資源、人為資本，與歷史的、文化的古蹟，市民無形的認同，加上一些「共同的想像」才能成局。

台灣過去以小吃、美食、夜市而自豪，也申請到「世界設計之都」，但這次的食安風暴讓台灣在國際間的形象大打折扣。廣義的設計包括法令、規章、企業治理、消費者的覺知，如何透過「設計」建立一個能持續吸引國際人士來台，也讓在此生活及工作的人安居樂業的環境，是當務之急。

書中的城市的經驗應能對台灣不同區位的城市多少有些啟發，雖然我們不是聯合國會員，但若能更實質達到那些境界，亦會有國際媒體的報導，亦會成為世界上受人歡迎的好國家。過去我們比較追求經濟上的競爭力，以廉價的勞力為代價，做了很多附加價值不高的東西；當我們所得逐漸增加後，未來要追求的，除了經濟及外貿的競爭力外，更要兼顧及重視生活及環境的品質，且能確保永續發

展。這七個城市都不是在經濟或政治上非常顯赫，但相信它們的市民都是很愉快的，且認同自己城市的特色，讓我們看到「價值多元」的可愛，台灣亦若是。

推薦序三
培養永續的城市核心競爭力

資策會產業情報研究所 (MIC) 資深產業顧問兼所長　詹文男

林月雲教授來電詢問筆者是否可以為其即將付梓的一本新書做序，因為閱讀是筆者的嗜好，尤其又有機會能在新書即將發表前先睹為快，因此毫不猶豫就答應了。

收到新書稿件時頗為驚喜，印象中林老師這幾年主要研究領域在於國家智慧資本的研究，相關內容不僅紮實，更出版了一套擲地有聲的英文版專書，受到國際學術界極大的肯定，因此我以為會收到以國家智慧資本為主題的中文版新書。沒想到是以創意城市為主題的內容，讓我在學習魅力城市推動的方法之餘，也有許多文創的收穫與感動。

驚喜的同時，也感到很心虛，因自己文創的修為實在不怎麼樣，要替這本新書做序真的愧不敢當。但已答應林教授了，只好硬著頭皮，以身為一個讀者的角度來陳述筆者看完這本書的一些心得，希望提供讀者一些不同的視角。

基本上，由於全球化及經濟重心的移轉，全球人口有朝向都市化移動的傾向。而預見城市在未來將扮演重要角色，各國中央或地方政府紛紛投入城市的規劃，主題不一而足，如永續城市、數位城市、智慧城市或者創意城市等，不過不論名稱如何，都是希望透過有系統的規劃與設計，來打造一個獨特且基礎建設完善的空間，讓民眾能享有安適、愉悅、便利、安全及健康的都市生活。

而在規劃設計的過程中，若要達成理想的目標，不僅需要由上而下的頂層設計，也需要由下而上的創意與共識凝聚，尤其如何建構出共同的願景，找出或培養永續的城市核心競爭力，更需要領導者與市民共同的熱情與努力。

讀者手上《魅力城市》即是介紹聯合國教科文組織所認證的一些世界著名創意城市，林老師就這些創意城市的人文與地理、魅力與特質、如何覺醒與再生，以及市民與政府如何合作共同打造理想的城邦的過程與努力，做完整的介紹與交代。

　　文中不僅有城市迷人的風貌與特色，也有城市規劃的方法與邏輯，不論是對創意城市嚮往的讀者，或者是目前正從事或參與城市規劃設計的讀者，甚至對自己所居住的城市有願景的朋友，相信都能夠在書中找到對應於自己興趣或有益於自己工作的篇章與內容，值得大家細細品鑑！

作者序
魅力城市

國立政治大學企管系教授暨創新與創造力中心主任　林月雲

　　近年來，「創意」與「創新」已和競爭力劃上等號，不論個人、團體、企業組織或國家都努力激發創意思考，尋求創新元素，並致力將創新價值商品化。各國政府也提供誘因，特別鼓勵青年人創業，希望在後金融危機、景氣尚未完全復甦的情況下，舒緩就業壓力，帶給年輕人與社會一些希望。

　　臺灣近年來的「悶」經濟，讓越來越多的年輕人出走，到其他國家例如新加坡或澳洲謀求生路。此現象也出現在大學與中學教育機構，例如已經考上臺灣大學的一流學生，願意捨棄就讀機會，轉而到香港、美國或中國去取得學士學位，或高中階段就直接到這些國家就學。臺灣菁英人才的流失已經到了讓人憂心的程度。

　　出版這本書的主要目的，一方面希望將大學的學術研究成果，轉化成簡單易懂的文字，讓讀者能認識一些聯合國教科文組織所鑑定的創意城市；二方面也希望相關單位或組織能夠在閱讀同時，研究這些創意城市崛起的歷程，以收他山之石可以攻錯的效果。特別是有些城市，資源非常缺乏，或是已非主流城市，為何能走出自己的一片天，吸引人才流入，它們是怎麼做到的？

　　本書作者群是經濟部學界科專「區域智慧資本」研究案的國際典範組研究群。為了學習國際標竿，我們選擇具公信力的聯合國教科文組織所鑑定的七個創意城市，亦即從七種類別（工藝與傳統藝術、美食、設計、音樂、媒體藝術、文學與電影）中，各選出一個城市，進行深入的文獻研究。研究期間，第一作者幸運受邀到瑞典與法國演講，得以順道訪問美食之都「厄斯特松德」與媒體之都「里昂」。經過一年多的探討，我們發現這些創意城市在發展的過程中展現出一些相同的特質，資料整理於最後一章「結語」，包含聚焦特殊亮點、多數居民參與、傳承下一代、節慶的綜效、學術機構參與和官方加持。

　　七個城市中，在瑞典天寒地凍的「厄斯特松德」，不但人口稀少，資源也最

為匱乏，憑藉著一位前瞻、熱誠又不屈不饒的女廚師，改變了這個小城的命運。我們有幸親訪這位奇女子，獲得第一手資料，本書前言所敘述的就是這位女廚師的故事。在美國的「聖塔菲」，則是沙漠中的小城，離大都會的紐約、芝加哥或洛杉磯都相當遙遠；然而，何以美國最有代表性的女畫家喬治亞‧奧基芙願意移居至此？因為當地政府刻意保留的多元文化，包含印地安原住民、墨西哥土著與西班牙殖民文化，再與美國文化交織，讓創意與藝術在此生根茁壯，吸引許多藝術家前來朝聖或駐點，使聖塔菲成為美國第三大藝術市場。

　　其他五個城市皆曾擁有輝煌的歷史，隨著時代的滾動漸形沒落，然而近年來卻都光環再現。很重要的一點是，它們皆**從尋根做起，找到自己文化的根源**，非常聚焦的將之發揚光大，技術上也與創新和科技結合，並能善用周邊大學資源，人力上也能激發多數人民的參與和積極的傳承給下一代，同時能吸引全球相關的尖端人才前往，產生綜效後，周邊產業逐漸成形，於是開始了善的循環，造就了產業的廣度與深度。

　　日本「金澤」深耕的是傳統工藝與藝術，並以科技創新賦予其新生命。西班牙的「賽維利亞」原本就是音樂重鎮與佛朗明哥的發源地，在聚焦培養下一代音樂愛好者的努力下，獲得了音樂之都美名。法國「里昂」是歷史上的重鎮，也是電影發明者盧米爾兄弟的出生地，當地政府與市民不甘於被巴黎的光環所淹沒，因此很早就開始思索如何創造出一個不一樣的城市。主政者善用民間的習俗、大學的資源引進尖端科技，訂定大里昂聰明城市發展策略，成功的將電影技術擴展至多媒體，讓里昂成為媒體之都。英國「諾威治」運用當地孕育多位著名文學家的優勢，積極培育新生代的文學愛好者，因而發展成文學之都；而「布拉德福德」則利用許多保留完整的維多利亞時代建築，吸引電影製片者前往拍片，拍攝了不少膾炙人口的名片如《孤雛淚》等，順勢將之發展成電影之都。

　　在全球化橫掃世界各大城市之際，當旅行者到達地球的另一端，在大街上看到耳熟能詳的 GUCCI、LV 等名牌店，或是麥當勞與肯德基時，新鮮感早已大打折扣。於是一股尋根的風潮漸起，越來越多城市重新定義在地文化，讓傳統文化與藝術以現代的方式呈現，創造出獨一無二的特色，這將是未來城市發展的活水。然而受人讚賞的創意城市不會自然形成，睿智的政府、積極的人民、專業的

人員與創業家的企圖心是必要的養分。期許擁有珍貴臺灣文化與具熱誠去開發創意的城市和人民，能夠從這七個城市的故事中獲取一些靈感，成就自己的家鄉，成就居住的城市！

　　最後要感謝我的研究團隊：輔仁大學張朝清老師與劉鳳娟老師和政治大學企業管理研究所博士生林智偉，在過去一年半的時間與我一起深入研究這七個創意城市，並犧牲今年的暑假，將研究結果改寫成科普文章我的研究助理程一珺協助校稿，在此一併致謝。有了他們準時的協助，本書才能如期付梓。

您聽過這樣的女子嗎？

有三位小孩的瑞典媽媽菲亞（Fia），到美國當了兩年廚師，之後在以色列開了兩年餐廳，接著到紐西蘭讀兩年的管理碩士，又去旅行了 36 個月，最後才回到瑞典當起餐廳老闆，餐廳取名「爵士餐廳」（Jazz koket），意思是她家的料理就像爵士樂一樣，大部分是即興創作。

她可不是一般的廚師兼老闆，而是讓位處瑞典中部小城的老家厄斯特松德（Östersund）聲名大噪，被聯合國鑑定為美食之都的大功臣。

回到瑞典後，雖然大家都認為小城的經濟命脈在於冬天滑雪季，菲亞卻深深覺得她坐在食物的寶山上，若沒有好好運用會非常可惜。厄斯特松德因為氣候寒冷，蔬菜水果不太長蟲，非常適合有機種植；也因為經常天寒地凍，蔬果的生長期很長，因而非常甜美，加上土壤好、水質好，是全世界少有的有機天堂。再想到小時候，祖母將星期一到星期六的剩菜保留起來，第七天常常以剩菜變出創意料理，讓她驚艷，因而決心要以創意在家鄉創造美食王國。

2007 年，她發現聯合國有美食之都的鑑定與認證，遂興沖沖的寫了提案給市政府，建議小城去申請。過了一陣子不見動靜，她去打聽市長經常會走哪條街，就到那條街上等待，有一天終於讓她攔到了市長，匆匆說明了申請美食之都對小城的好處，市長只回應會請相關主管研究。

之後菲亞三不五時就到市政廳打聽有無下文。2008 年，政府終於被她說服，同意提出申請，但是言明沒有錢，折衷辦

法是菲亞以 20% 的時間在地方政府打工，與一位官員共同寫出聯合國的申請書。

　　菲亞非常珍惜這得來不易的機會，也深知必須網羅一群同好，共同打造不一樣的有機社群，做出實績。

　　首先她知道不到 50,000 人口的厄斯特松德資源不夠，因此將耶姆特蘭（Jämtland）區域共約 12.5 萬人納入，發現有三分之二的農人從事有機耕種，約 200 位手工食品商。接著她開始訪查獨特的有機產品，譬如以瑞典傳統手工製做起司的有機酪農，找到一位二十九歲以在地素材做創意料理聞名的廚師梅格納斯．尼爾森（Magnus Nilsson），還有自釀的有機啤酒商等，拍攝並寫成故事報導，編印成冊《Chronicle》，目前仍定期出刊。出刊後送給觀光單位、擺放在滑雪勝地，逐步推廣厄斯特松德的美食。

　　菲亞的餐廳以身作則，食材全部是有機的，且 80% 是在地生產，她也鼓勵同業採用有機食材。然而瑞典中部地廣人稀，運送費用昂貴，為了降低有機食材的成本，她努力與中間商溝通，說服他們送材料去農家時順便取回有機食材，不收運費，若談妥她自己會給這些中間商更多生意機會。

　　之後厄斯特松德就以這種模式降低了有機食材的成本，農人看到此模式受到歡迎，便開始增加有機蔬果的產量，成本降低後餐廳越來越願意購買有機食材，中間商生意也增加了，形成了多贏且正向循環的局面。

　　菲亞常有靈活的點子，也有絕佳的溝通技巧，讓提議為人所接受。例如她認為小城從七月一日起的音樂季不夠熱絡，建議將美食週設在音樂季之前，效果非常好，如今已成為慣例。又在 25 年前，建議家鄉舉辦十天的夏日盛宴時，應該在港口搭設臨時餐廳，當時也說服了十家當地最好的餐廳在港邊搭帳棚餐廳，十天迎來 10 萬名客人，從此港邊的餐廳美食已是厄斯特松德夏日的特色。

　　菲亞看到了天寒地凍的家鄉另一面的優越條件，成功組織互利互惠的有機社群，加上努力於平面與媒體宣傳，與觀光局、節慶組織共同合作，厄斯特松德的

Tips　UNESCO 創意城市
聯合國教科文組織（UNESCO）創意城市認證目的，是為了表彰能夠擔任創意平台的功能，藉以透過創意產業與社會文化聚落，連結有關驅動社會文化的要素，促進社會經濟發展以及已發展或發展中的文化，目的是為了建構具備健康特質的都會環境。

有機餐廳群吸引越來越多的饕客，名聲逐漸傳播開來。經過九個月的準備，菲亞完成精心設計的「聯合國美食之都申請書」，終於一炮而紅，於 2010 年七月正式取得「聯合國美食之都」的美名，為小城帶來一波波的觀光客、饕客、國內外觀摩團，連台北市政府都去函向厄斯特松德請益。

　　本書介紹七個聯合國所選出的創意城市，涵蓋七種類別（工藝與傳統藝術、美食、設計、音樂、媒體藝術、文學與電影）。這些城市各有其歷史背景與人文社會條件，然而他們都能經由創新，形塑獨特的風格，吸引世人的目光。其選擇與發展的過程，值得深入報導。

PART

1

日本—金澤 Kanazawa

瑞典—厄斯特松德 Östersund

美國—聖塔菲 Santa Fé

西班牙—賽維利亞 Sevilla

Japan
Kanazawa
金澤

1 ｜ 兼六園雪景

2 ｜金澤城公園
3 ｜夏季的兼六園

4

5

4 ｜金澤街景
5 ｜金澤車站內觀

Sweden

Östersund

厄斯特松德

7

8

7 | 厄斯特松德申請到 UNESCO 美食之都最重要的推手菲亞（Fia Gulliksson）。
8 | 右邊的年輕女士從餐廳經理成為廚師。

9

10

9 | 菲亞的餐廳連廁所都這麼有藝術氣息。
10 | 厄斯特松德申請 UNESCO 美食之都的官方專案經理 Theresia Gron 與林月雲教授。

11 ｜申請 UNESCO 美食之都計劃書封面。
12 ｜爵士餐廳（Jazzkotet）外觀，庭院定期舉辦農夫市集，販售有機蔬果。
13 ｜爵士餐廳座位有限，客人均採併桌模式。
14 ｜厄斯特松德市政廳。

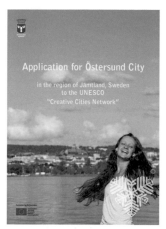

11

12

13

14

New Mexico State
Santa Fé
聖塔菲

15, 16, 17 │ 村莊風格泥草牆木造建物。

16

15

17

Sevilla
賽維利亞

18

19 │ 賽維利亞聖母主座教堂。

北陸的小京都

百年工藝之都：
日本金澤

kanazawa

Japan

● **Kanazawa**

鳥瞰金澤：地理與人文

素有「小京都」之稱的金澤（金沢）位於日本本州中央，在 1868 年明治維新後，成為石川縣的行政機關所在地。

金澤的名字有個傳說。一位名叫芋掘藤五郎的人靠著挖馬鈴薯為生，他在一沼澤旁洗淨附著於馬鈴薯上的沙，卻發現是金沙，因而被稱為「金城靈澤」，金澤的名字就此出現，意指黃金的沼澤。

金澤的東南邊是山地，西北面對日本海，地形是由三個丘陵組成，其中小立野高地夾在溫情的女性之河──淺野川，和活潑的男性之河──犀川之間，呈東南的走向；卯辰山在小立野高地的右側；另一邊則是寺町台高地。

金澤被有著日本的阿爾卑斯山之稱的白山國家公園和能登半島國家公園所環抱。自古以來，背山面海的地理位置，使得金澤的交通與其它大城如東京、京都面臨日本海，有著通行的困難，因而成為了所謂的日本後山。由於面海，古時的發展是以貿易為主，商業交流的範圍涵蓋了中國、韓國及西伯利亞。金澤因依山面海、腹地小，限制了它在十九世紀時的工業發展。然而，在無法發展工業的情況下，經過時間的洗禮，反而孕育出金澤優越的自然景觀及獨特的文化。這些利基造就了日後金澤在工藝方面蓬勃發展的基礎。又因長期關注於文化與經濟的發展，使得金澤與京都、東京齊名，並成為日本海海岸的第一大城。

十六世紀中期，金澤附近的地區由寺院的勢力所支配。直到豐臣秀吉的家臣前田利家受封金澤城為領地，經過三百年、十四代的傳承統治，慢慢呈現出不一樣的風貌。當時，

前田利家掌握僅次於中央政權德川幕府的大權，擔心德川幕府猜忌，前田家族因而將財力全投到藝文發展，邀請過許多藝術家和工匠到金澤，使得金澤的手工藝有了相當高的發展水準，直至今日亦是如此。

　　文化上，金澤以能樂為中心，並以漆、陶、茶、染等工藝作為向外發展的元素，造就了今日金澤在日本工藝的地位。發展工藝文化，金澤有著連京都也比不上的豐厚底子。四百多年來，金澤不但未曾受任何內戰波及，連二次世界大戰也幸運逃過一劫。金澤人代代相傳的偃息武備、提倡文教的精神與幾百年來不變的全民共識，讓金澤得以保留下典雅的茶屋街以及優美的兼六園，這些地方都成為吸引人們到金澤旅行的重要歷史景點。

　　除了歷史景點妥善的保存，金澤也孕育出許多出色的學者專家，其中最為台灣人所熟知的就是建設烏山頭水庫和嘉南大圳的八田與一。其他的著名人物還包括，建築家父子谷口吉郎、谷口吉生、禪學大師鈴木大拙、京都派哲學家西田幾多郎、文學家泉鏡花等，都是金澤出身的名人，可見這座城市文化的底蘊有多麼深遠。

Tips
金澤面積約為 467.77 平方公里。根據 2010 年的統計，金澤人口約為 462,478 人，人口密度約為 988.69 人／平方公里。適度多雨的天氣以及冬季豐富的降雪，使得金澤的特產品如大米、米酒及甜食揚名天下。

烽火下的淨土

　　一個城市的文化底蘊需要時間慢慢地醞釀。在醞釀的過程中可能會發生自然界反撲所帶來的天災，也可能有人為所引起的殘酷戰爭。然而，戰爭是城市面貌最大的敵手，免除或遠離這敵手，有助於城市歷史景觀的保存。相較於日本其他城市，沒有受到戰火摧殘的金澤，在今日看起來是多麼的珍貴！

　　未受到烽火的牽累，金澤這個古都保留了幾百年前的歷史景點樣貌，讓我們得以親身瀏覽體驗。兼六園位於金澤市中心，佔地寬廣。所謂「六園」是指庭園不易全部具備的六個景觀元素，包括宏大、幽邃、人力、倉古、水泉及遠景，而兼六園則具備上述的六個元素，為日本著名三大名園中之一（其他兩名園為岡山縣岡山市「後樂園」以及茨城縣水戶市的「偕樂園」）。兼六園中央以大池霞之池貫穿，由數個小島散置於大池，傳說不老不死的先人居住於此，守護著前田家族的長壽與永遠的繁榮。在園內隨處可見日式假山與涼亭，且在任何地點都能鑑賞全景。由於金澤明顯的四季氣候，兼六園擁有四季截然不同的自然景象。

保留「歷史」、創造歷史

　　金澤城內保留之古建築物非常多，包括金澤城石牆、石川門、二之丸菱櫓、三十間長屋、五十間長屋、橋爪門、鶴丸倉庫、河北門等等。雖然金澤未受到戰爭的摧殘，但是金澤城內的建築卻是在燒毀重建中不斷的循環。在這些建築物中最獨特的應該是石牆，它是日本唯一留有各式各樣石牆的城郭。這些石牆因時代

Tips

金澤城公園的歷史，最早可回溯到 1546 年（天文 15 年）本願寺創建金澤御堂開始，1583 年（天正 11 年）成為前田家族統治加賀地方（現在的石川縣及富川縣）時的居城，一直到 1869 年（明治 2 年）十四代藩主為止。明治以後到第二次世界大戰結束，金澤城成為陸軍的據點以及金澤大學的校園腹地。1996 年後才開始修復整建成為金澤城公園。

Japan　　Kanazawa

或地點不同有迥異的石堆法，像是藩主居住的御殿和庭園四周就採用了充滿藝術氣息及設計感的石牆群。石牆的樣式有鬼門封、陰陽石和龜甲石等，從中可察覺出石牆的堆砌受到陰陽五行的影響。除此之外，金澤城亦保存白色鉛瓦、白色漆等優美的壁面藝術。

　　金澤因著天時地利人和保存了許多歷史古蹟，但也創造歷史，特別是許多令人驚豔的新建築。相較於古老的歷史建築，這些當代建築更多了一份現代城市應展現的景觀氣度。這些新建築甚至成為人們再次拜訪金澤旅行的重要因素。金澤的現代建築不強調高大宏偉的摩天大樓或是便利的交通建設，而是將重點放在藝術文化設施上，並將建築與當地歷史文化作一結合。其中代表的建築有谷口吉生所設的鈴木大拙紀念館，讓禪意在現代的空間中恣意展現。而安藤忠雄設計的西田幾多郎哲學紀念館，則以空間詮釋京都派哲學大師西田幾多郎的哲學理念。

　　另外值得一提的是由日本女建築師妹島和世所設計的金澤二十一世紀美術館（如第 24 頁，圖 6），圓形的外觀玻璃圓形設計像似幽浮從天而降，座落於古都之中。這種嶄新的獨特建築風格，顛覆了一般人對於傳統美術館的概念。除此之外，二十一世紀美術館擁有許多與建築物融為一體的作品，像是給人在水裡佇立錯覺的游泳池作品，切除一部分天花板可看見天空的房間以及融合加賀友禪圖樣的壁面和椅子等。該建築所有的壁面都是玻璃，而五個出入口都直接對外開放，讓這座美術館就像公園一樣親切。

Tips
2010 年被美國旅遊雜誌 *Travel+Leisure* 評為世界最美麗的車站也座落於金澤（如第 23 頁，圖 5）。金澤車站挑高約 30 公尺，屋頂用 3019 片金澤當地的工藝玻璃。外觀是以能劇小鼓造型作為樑柱，而傳統能劇常使用的傳統樂器「三味線」則作為屋頂的主軸。整個建築的內裝意念完全是新潮產物的應用。屋頂條條網線都是水管，集結雨水供澆花、廁所和洗玻璃屋頂。重點是清洗工作是利用導航系統控制的機器人來執行，真是設想周到啊！

城市靈魂的覺醒

用創新觀點守舊，賦予城市新未來

　　江戶時期的前田家族為了消除德川幕府的猜忌，轉而將發展重心放在工藝。十九世紀工業蓬勃發展，但金澤受限於地形與交通之故，亦未能成為金澤城市的轉捩點。對於這樣的結果，金澤人選擇用創新觀點守舊，賦予城市新未來。

　　金澤在傳統工藝產業的發展，僅次於京都。共計有 22 種不同的工藝類型，包括能樂、加賀友禪（和服染畫）、金箔、漆器、陶器九容燒、及象嵌等等。全市大約有 900 間工藝相關製造廠，約為商業總數的 20%，僱用員工約 3000 人，大約佔金澤就業機會的 6%，是金澤的核心產業之一。然而，隨著低出生率與人口老化雙重影響，投入工藝產業的人口逐年下降。除此之外，全球化以及泡沫經濟讓人們覺得工藝是一種昂貴的消費，影響人們對於工藝品的購買慾望。政府也意識到傳統工藝產業面臨了生存的險峻狀況，需要有些必要的作為。

　　透過商業人士、市民及政府間的努力與合作，金澤從 2001 年開始型塑創意城市策略。執行策略起初是透過社團法人金澤經濟同友會（Kanazawa Association of Corporate Executive）的號召，在「金澤創意城市研討會」中討論發展而成。該研討會每年以圓桌創新論壇的方式進行，以全球觀點提出二十一世紀理想的城市典範，再透過新的城市政策來闡明與實驗。過程中商界人士不計營利的損益，以長期發展作為考量，並以創造出獨特、高水平的城市為首要目標。金澤透過各種

Tips

金澤每湧進近 800 萬的觀光人口，是當地人的 20 倍，近 600 億日圓（約 183 億台幣）的觀光收入，對當地 GDP 貢獻了約 10%，是全日本該 GDP 平均數字 5.3% 的將近一倍。這些績效表現顯示出金澤以觀光產業發展的意識已經深植其企業，獲得的成果已超越外來的大型公司，這樣的榮景使得金澤避免了因時代轉變所帶來的快速產業轉換，以及城市產業結構的變化。同時也讓金澤得以保留了從江戶時代所流傳下來的獨特傳統產業、歷史性的城市風景及周遭的自然環境。除此之外，在這樣具有目的性的城市產業發展策略推動下，無形中刺激了資訊產業及各類服務產業的發展，以及產業發展所需的教育支援系統：金澤有 13 所大學、工藝學校以及大量的博物館、資源中心。金澤除了提供超優質的城市人文生活外，也保留了高品質的文化。

活動促成創意城市的發展已有超過十年的歷史。

　　2001 年以「從記憶中學習」為研討會主題，從金澤的過往歷史與傳統開始，討論城市的記憶以及人類的創意力量。接續 2002 年，金澤協會（Kanazawa Society）建議持續將獨特的金澤帶入新的世紀，進一步重新定義金澤存在的意義，並以「美麗金澤」的概念提出「回春計畫」（rejuvenation plan），以作為接續會議的主要發展議題。而加入 UNESCO 的創意城市網絡，則是金澤歷年來所舉辦的創意城市會議的新願景。希望透過加入該網路，建立創意觀光，再造金澤工藝發展的新里程，最後經由多方的努力於 2009 年得以如願。

創新＋工藝：撐起金澤未來的一片天

　　金澤一開始的產業重心是紡織及紡織機器的生產。近年來，機械工具、食品機具、出版印刷以及電腦週邊相關的產業，構成金澤經濟多樣性發展結構。豐富的產業類型，不僅支撐著金澤的都市經濟，無形中也提升了居民生活的品質。

　　金澤都市經濟發展的重要特點在於集結當地中小型企業的力量，並確保他們達到永續經營的目標。這些具有豐沛的藝匠精神、創新技能的中小型企業結合獨特的科技，保有穩定發展的利基。而金澤城市經濟就是依附著這股來自企業自發性的覺知，使得金澤有著驚人的經濟發展。

　　藉由聚焦高品質文化以發展城市經濟的方法，金澤的做法是以高附加價值作為生產及服務之目標，整合技能及藝匠，並且在生產過程中導入高科技設備，

同時結合區域內產業結構相關的公司，使之成為一緊密連結的產業網絡。促進區域內外的經濟金流，誘發新的文化支出與消費，並以居民或外來觀光者的文化支出，作為收入來源支持博物館以及私人的設計研究中心。而這股增強的文化集中趨勢則帶來區域高科技及高感度創意人力資源，無形中提升與金澤經濟發展模式相關的人力素質。漸漸地，文化生產與消費系統性運作促使區域專注於在地文化市場的品質，並且刺激人們對於文化產品的需求。

　　金澤的文化生產模式，被視為是江戶時代流傳至今的工藝品的復興與再造活動。工業革命以來，從古時講究工技獨特性的生產方式，轉變到符合現今大規模的生產模式，金澤順應時代變遷的能力被認為該創意城市最獨特之處。藉由工藝、創意與科技的互補結合，創造出金澤的城市創意經濟。為了激勵工藝產業的發展，政府也提出配套的振興措施與刺激藝術及工藝發展的政策，保存及鼓勵傳承者發展計畫。

　　金澤的文化生產模式一直將創意經濟擺置於執行的思維中，因為唯有創造消費才能支撐起文化的發展。然而，文化藝術消費並非生活必需品。因此，如何創造文化藝術消費行為便成為發展創意經濟的第一步。當傳統既存的文化藝術產品在市場上成為消費的主體時，創造出的經濟現象才能讓文化工作者繼續下一步的生產，形成一個正向循環的文化消費系統。但是這樣仍不足以確定其永續發展，必須藉由培育人才、運用科技、轉型改變、文化投資、提升消費層次等全面的手法與措施，以增加文化藝術產業中組織永續存在的機率。

金澤的成績單：台灣城市可以從金澤學到什麼？

從金澤的創意經濟來看其發展的軌跡，大致上可歸納出以下七個借鏡（參考第 46 頁圖一）：

分析在地發展利基

每個城市皆有其發展的利基，就聯合國教科文組織的創意城市類型來說，可能是設計、文學、電影、美食等（參見附錄）。發展利基需要實際的情境分析與理性的判別，更重要的是要集結在地居民的共同集體意識。而利基的判定需建立在創造經濟的考量上，因為唯有創造經濟流動系統，才能支撐一種行業，甚至是產業的向上發展。若以傳統藝術技能作為利基，就必須考量其未來方向及發展的可能性。若無法產生創意經濟，則可採取消極的傳統保存，或必須結合異業，產生新穎的想法。因此自始至終，都必須將創造經濟當成重要目標。

鎖定發展重點目標

每個城市都會存在許多的發展利基。但是利基的特色，是否具有其獨特性、未來性以及經濟性，必須仔細思索，全面性的評量，鎖定特定的一或二個發展目標，才能集中民間與官方的力量，全力發展。

培育居民藝術力

每個城市的居民都有其不同於其他城市的特質。一個創意城市之所以被稱為創意城市，其居民的文化藝術鑑賞力必然有一定的水準。要形成一個創意城市，居民的藝術力是一股隱形的推動力，這股力量將形塑城市的藝術氛圍。藝術力是可以培育的，從學校或社區，以個人或團體，由官方或是民間進行細水長流的系統性培育計畫，應能逐步提升居民藝術力。

永續技職教育體系

每個城市的執政者都認為教育攸關城市發展，這樣的發展關聯可能是居民素質的提升，可能是產業人力的培養。而當觸及經濟發展時，技職教育體系成為了整個發展的核心。許多的傳統藝術技術需要傳承，而傳承需要時間。當確定了城市的發展利基與目標後，便要極力思考如何培育人力以支撐未來的發展。

政策支援型塑創意經濟

每個城市的政策是否能符合城市發展的實際需求，需要仔細審視。政策的頒佈是為了促進城市發展與全體人民利益之極大化。一旦確立了城市的利基及發展目標，進入執行階段後，政府的政策必須考量其是否具有時效性、開放性、變通性，而且實質的經濟幫助也需要到位，才不致淪為口號。

確立產品行銷通路模式

　　創意經濟唯有透過消費才能完成。因此，要透過什麼樣的行銷模式讓消費行為產生，便需要思考生產創意產品後，所要銷售的對象、地點、定價及通路等分析，如此才能確立這條從創意發想、生產到銷售的經濟鎖鏈是否連結完善。

國際合作推廣

　　在全球化之經濟體制下，每個城市都需要國際視野，除了拓展城市的觀光客源、增加能見度、促進創意經濟之外，也希望能藉由國際合作激發對於自身產品的反思與技術的提升。合作的模式除了技術的相互學習，還可透過展覽會的舉辦拓展國際市場，或是藉由教育交流提升人才的水準。一個創意城市的形成需要的不僅是時間，還要有完整的計畫方針、在地人民的集體意識以及官方的領導、支持與配合。日本金澤用創新來守護傳統文化的做法，值得台灣的城市借鏡。

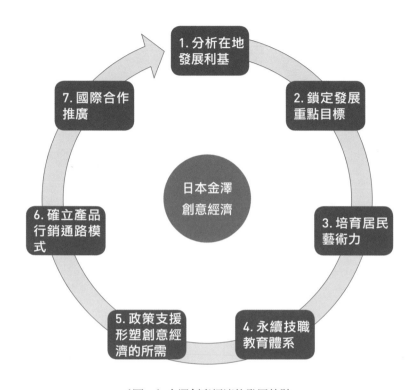

（圖一）金澤創意經濟的發展軌跡

雪地中的綠洲

美食之都：
瑞典厄斯特松德

Östersund

Sweden

- # Östersund

鳥瞰厄斯特松德：地理與人文

對瑞典國度的想像，總與「雪」離不開關係。白雪覆蓋大地的美景，是多麼令人著迷啊！談到瑞典，除了雪之外，你還會想到什麼呢？是的！就是色彩繽紛、重視環保的 IKEA 家具，以及賣場內出了名的瑞典肉丸。瑞典的美食，像是瑞典肉丸、薄煎餅、鹹漬魚、發酵鯡魚等，隨著 IKEA 家具店在世界各地發展，逐漸為人所熟知。

談到瑞典美食，有一個地方一定不能錯過，那就是聯合國教科文組織創意城市（UNESCO）網絡中的美食之都──厄斯特松德（Östersund），人口不到 50,000 的城市。厄斯特松德位於瑞典第五大湖斯圖爾湖（Storsjön）旁，是瑞典北部最大的內陸城市，也是瑞典西部耶姆特蘭地區的省府所在，向東連接瑞典海岸的松茲瓦爾（Sundsvall），向西則延伸到挪威的特隆赫姆（Trondheim）。厄斯特松德除了是瑞典的內陸城市，其地理位置非常湊巧地都在中間，像是斯堪地納維亞（Scandinavia）半島的中間、耶姆特蘭（Jämtland）省的中間、厄斯特松德自治區的中間。由於這個『中間』的特殊地理位置，厄斯特松德自稱是「瑞典之心」（Center of Sweden）。

厄斯特松德建立於十八世紀。當時，瑞典皇室為了掌控耶姆特蘭當地居民豐厚的貿易利潤，希望透過厄斯特松德城的建立，驅使當地居民將商品賣給厄斯特松德的中間商。但此一經濟措施遭到居民反對，使得厄斯特松德的城市規模無法壯大成為一商業之城。直到十九世紀，鐵路的開通及經濟自由化，一個城市的規模才逐漸成形。

　　在十九世紀時，厄斯特松德城多數的房屋為木製，但城市中心多以石頭為建材，這些房子以新歌德及新文藝復興風格著稱。在二十世紀初期，是否可被稱為是「城市」是以該地區有多少石製房屋來做為標準。因此，木製房屋被石頭製的房屋大量取代。從 1930 年代開始，厄斯特松德的外圍地區開始朝向功能性的城市方向發展。然而，在城市拓展的過程中，許多古老的建築也被摧毀，如此野蠻的舉動被當地的媒體稱之為「毀滅性的瘋狂」。厄斯特松德的城市區域規劃，隨著時間更迭，第一個城市計畫是希望成為一個綠色城市，著名的綠地公園有教堂公園（Kyrkparken）、厄斯特松德公園（Österängsparken）以及澡堂公園（Badhusparken）。而城市中從北到南均由馬路連結，相對地從西到東則是由許多的小巷串連，這種規律性的道路系統以及從高處傾斜向斯圖爾湖創造出一種稱為朝西的窗戶（windows to the west）的景象，是厄斯特松德獨特的景觀。

Tips
厄斯特松德城是耶姆特蘭地區的首府所在，城市面積約為 27.28 平方公里。耶姆特蘭地區約有 112,717 人，厄斯特松德人口約為 44,327 人，佔該區域約 39% 的人口。人口密度一平方公里約為 26.7 人。

綠意盎然的冬之城

好山、好水、好空氣：一個有機的健康樂園

　　厄斯特松德一直將自己行銷為冬之城（Vinterstaden），以戶外活動著稱，特別是該城擁有著名的露天越野溜冰運動場。冬之城的行銷策略是透過自治區官方及城市企業間的相互合作推廣，以達到提升城市國際能見度的目的。厄斯特松德曾舉辦過不同運動項目的世界比賽，像是滑雪射擊、競速溜冰及溜冰定向越野。

　　厄斯特松德的傳統食材包括馴鹿、駝鹿、野莓、蘑菇，以及一些小規模農場所出產的手工起司、麵包、草莓等，然而該城所處的耶姆特蘭地區是歐盟有機生產者最多的區域。由於氣候寒冷不易長蟲，植物生長期又長，使得栽培出的蔬菜非常甜美，提供當地的餐廳業者將有機食材轉化成美味餐餚最佳的機會。厄斯特松德擁有獨特的植物生長環境，清新的空氣與純淨的水質，形成在地有機食材的有利條件，而有機食材的推廣使得厄斯特松德的美食文化特別顯得與眾不同。

　　厄斯特松德從 2008 年開始規劃申請成為創意網絡中美食之都。美食企業家們認為厄斯特松德的空氣與水質，和以在地有機食材為主的美食，與其他城市相較，最具獨特性。由民間在地廚師推動加入 UNESCO，而政府給予執行計畫的協助。然而，採用當地的新鮮食材到成為桌上佳餚，背後有著很緊密連結的生產線。美食企業家與在地農人之間密切的合作，從供需的雙向交流與相互支援學

Tips　成為 UNESCO 美食之都的一員，城市需要具備的特點：
- 擁有蓬勃發達的美食環境。
- 擁有充滿活力的社區美食與眾多傳統的餐館和／或廚師。
- 使用在地材料於傳統的烹飪中。
- 保有當地傳統美食烹煮的訣竅與方法。
- 保有傳統食品市場與產業。
- 舉辦美食節、美食獎項、競賽以及其他被廣泛公認的美食活動。
- 尊重環境並促進本地產品的永續經營。
- 培養市民對於美食的鑑賞能力，在教育機構中推廣營養觀念，並將多樣性的美食製作方法的傳承融入學校的烹飪課程中。

Sweden　Östersund

習，都是美食之都成功發展的核心力量。

好看、好玩、好景觀：一個城市的人文空間

　　厄斯特松德和許多的城市一樣，充滿著獨特的空間景觀。厄斯特松德市政廳（第 29 頁，圖 14）是一個 51 呎高且有 136 個房間的建築，是厄斯特松德國民浪漫建築風格的代表性作品，看起來像是一座城堡要塞。這棟由沃爾貝格（Frans Bertil Wallberg，1862-1935）所設計的市政廳被視為是現代瑞典建築最好的作品之一。雖然建築主體的左翼建築仍在，但右翼的部分在 1970 年代時被拆毀。整棟建築以鐘塔及大階梯作為重點，洋蔥型的鐘塔是耶姆特蘭典型的設計。這個鐘塔採用了耶姆特蘭地區的石灰石作為材料，並由當地的雕刻家阿樂貝爾吉（Olof Ahlbergj，1893-1967）雕飾完成。

　　另一重要的城市歷史景點是耶姆特里歷史博物館。這座博物館的成立要回溯至 1886 年的耶姆特蘭古文物協會。一開始是以露天博物館的形式，一直到 1920 年代才開始動工興建展館。最初，這座博物館主要展示與歷史相關之物品，並且舉辦與藝術相關的課程，像是舞蹈、手工藝及音樂等等。這裡也收藏了許多從維京時代流傳下來稱之為 Överhogdal 掛毯的針織藝術，讓人領略到北歐傳統藝術之美。希望藉由收集歷史、展示歷史、學習歷史的完善規劃，讓先人的寶貴資產不至於在工業化的摧殘下流失。

　　在厄斯特松德滑雪場的夜晚可以看到一個不可思議的光體，這個名叫亞克圖拉（Arctura）的建築外型像似一熱水瓶，其實它是厄斯特松德滑雪場的巨大儲存

槽，可以儲存兩千六百萬加侖的水，以作為電廠的緩衝區。整棟建築高 65 公尺，直徑約 8 公尺，其頂部與底部約有 7600 個小燈。當夜晚到來，這些五顏六色的燈光變換，為厄斯特松德換上絢麗的衣裳，給人帶來不一樣的視覺體驗。

小人物大遠見

　　申請加入 UNESCO 創意城市網絡的想法是來自當地一家名為爵士餐廳（JazzKoket）的老闆菲亞・佳麗克森（Fia Guliksson）。菲亞過去曾在美國當了兩年的廚師，然後到以色列開餐廳，在紐西蘭拿了 MBA 學位，又世界各地旅行了三年才回到瑞典。回到家鄉後，深深覺得家鄉的好土好水若沒有好好運用非常可惜，因為厄斯特松德有 2/3 的農家是有機耕種，加上氣候冷，不太有蟲，土壤又好、水質也好，最適合推廣有機農產品。

　　菲亞並不認同食物生產的全球化發展，類似麥當勞。她認為厄斯特松德必須培植當地農人，走出自己獨特的永續之路。很幸運地厄斯特松德未曾工業化，不像馬爾默（Malmo）曾經是汽車製造的工業城，若要回歸自然就必須全市重來。厄斯特松德擁有的是最天然的食材、最自然的生活方式、最道地的手工食品，像是瑞典有名的手工起司都在這裡製造。目前耶姆特蘭地區有約 200 位手工食品商。

　　2007 年菲亞提了一個專案，向地方政府極力遊說申請加入 UNESCO 創意城市網絡成為美食之都。2008 年政府被她說服，同意提出申請，但是言明沒有

Tips　城市亮點

提供高品質傳統餐飲的餐廳多集中於厄斯特松德市區以及滑雪聖地奧勒（Are）附近。餐廳大多座落於鄉村，直接擷取當地食材，烹煮出傳統在地的料理。除此之外，厄斯特松德也有許多著名的觀光景點。

Sweden　　Östersund

錢。其折衷的辦法是給她 20% 的工資在地方政府工作，與一位官員共同寫出 UNESCO 申請書。花了九個月的時間，才完成申請書的撰寫。由於厄斯特松德城市人口不到 50,000 人，居住人數太少。另外也考量到一個美食城市的建立，也需要有其外圍地區的協助。因此，厄斯特松德美食之都的申請是包涵整個耶姆特蘭區域，人口約 12 萬左右。唯有將餐桌美食的來源、製作過程及行銷手法，以一種良性的循環機制運行，才能創造出厄斯特松德美食之美名。

在申請過程中菲亞認真檢視厄斯特松德擁到底有什麼特質，她覺得市民堅強的意志是城市持續發光發熱的最大推動力。兩百年來厄斯特松德換了十次主人，該城曾是丹麥的領土，後又被挪威佔領，之後回歸丹麥，然後又是瑞典的領地。這麼長的時間男人忙著打仗，女人因要掌理大小事務，打獵、粗活都要會，因此變得很能幹，也因為這樣的時代背景而造就出許多傑出的女性創業家。

菲亞用爵士作為餐廳的店名，源於希望所做的菜餚能像爵士樂一樣，以即興手法獲得掌聲。雖然，她不敢說推廣美食造就多少觀光收益，但據統計，已增加了一千兩百萬個住房次數。

美食教育支援處處是

　　為了建立更完善的美食網絡，厄斯特松德從官方加持、觀光行銷以及教育提升三方著手，設置許多專門機構提供所需的資源。Eldrimner 是專門提供中小規模食材處理工匠最佳支援的國家級食物處理與研究中心。耶姆特蘭／海里耶達倫觀光局（Jämtland/Härjedalen Turism）為當地觀光旅遊組織，提倡美食旅遊。耶姆特蘭食品學院（The Food Academy of Jamtland）則是生產者、農人、餐廳及學生進入食品產業之教育訓練機構。此外，為了能充分推廣美食及當地的觀光行銷，厄斯特松德亦舉辦不同的活動以宣傳當地美食。其中像是沙瑞尼爾（Særimner）美食節為協助小規模生產者所舉辦的活動。而有著悠久歷史的葛果利（Gregorie）市場，是專為當地食材的交易所設立。其他像是耶姆特蘭的聖誕展覽會、滑雪聖地奧勒（Are）的秋之宴以及史托斯榮朗（Storsjöyran）的街頭音樂節，均與當地的食物生產者結合，讓參與民眾在活動的同時享受當地最道地、最健康的美食。

背後推手

　　瑞典農業部指定厄斯特松德為 2011 年瑞典的烹飪之都（Culinary Capital of Sweden），以五個區塊進行全國及區域性的美食行銷推廣，分別是農人、食物生產者、餐廳、公眾飲食及觀光。透過生產價值鏈，串連美食文化每個環節。另外，也極力推廣耶姆特蘭的慢食（Slow Food Jämtland），藉由國際盛會行銷耶姆特蘭

乾淨、高品質的食材、食品給世界各國的消費者、食物生產者、廚師以及科學家。除此之外，也透過四個中心提供美食相關教育所需的知識訓練，提升當地美食工作者的水準。例如耶姆特里為高中職以上的學生提供餐廳美食的教育訓練課程；Matskrået 是為小規模食物處理商舉辦工作坊、旅遊參訪、產品發展，與提供意見經驗交流的管道；Gastur 設置目的則在於增加當地的觀光產品，以利將耶姆特蘭發展成為美食之旅的觀光景點。而位於厄斯特松德的中瑞典大學（Mid Sweden University Östersund）的瑞典冬運研究中心（The Sweden Winter Sports Research Center）則是世界級滑雪高手的訓練中心。其運動科學課程中，亦包含食品營養學的研究。此中心也提供厄斯特松德居民利用該實驗室作為員工職訓的場所。

厄斯特松德的成績單：台灣城市可以從厄斯特松德學到什麼？

　　厄斯特松德之所以能發展成世界性的美食之都，該地居民的自發力量不容小視。這股力量讓在地美食生產社群網絡成功的建置起來，讓在地食材的完整供應系統形成一緊密的合作機制。當高度的發展機制成形，不管是原食材品質及其種植的環境管控，或是產地與城市、鄉村與城市的互補模式，都能逐步建構出完美的美食生產鏈。在這個美食產業發展的系統中，「人」是關鍵。厄斯特松德一如其他城市，擁有各式各樣的工作族群，包括美食家、農人、政治人物、配送者、居民、餐廳擁有者，甚至是觀光企業家以及文化工作者。這些人的投入是厄斯特松德能成為美食之都的成功原動力。

Tips

以前厄斯特松德或耶姆特蘭地區是以「清新空氣旅遊」作為觀光的口號，現今則是透過文化及自然資產整合，從經濟、生態以及文化著手，創造另一波觀光旅遊高峰。在厄斯特松德小型商業模式主導在地的產業。7000 多家的企業中僅約有 50 家的公司員工超過 50 人。大多數企業從事森林、水以及山相關之行業。然而奧斯特松德以及耶姆特蘭地區都是以觀光為主要的收入來源，觀光創造約 33 億瑞典幣的產值（約 140 億台幣）。

　　以厄斯特松德美食之都的發展經驗來看，有許多面向可供台灣城市作為發展美食之都的參考。

1. 創造美食生產鏈社群網絡的共識，並建立發展願景：從食材的生產者、生產地、中間商、餐飲業者到觀光企業，設立一個由官方與民間合作的機構，進行統籌事宜，先行繪製整個發展的流程，再集結上述的相關業者、學者以及具有國際行銷經驗之實務者進行討論，共同建立發展之願景。
2. 依照在地人共同建立的願景，規劃符合達成願景的活動，包括行政流程、觀光行銷及相關美食教育提升。
3. 依據規劃之活動，建立核心發展能力，以利成功的舉辦活動。
4. 根據每一活動設定規範指標，方便進行評量，作為改進的參考。
5. 彙整歸納每一活動的評量指標可信度，以此結果作為美食城市的評比。

　　從厄斯特松德創意美食之都的發展來看，計畫的成功必定要與相關事物進行整合，唯有透過整合所產生的願景，才足以集結改頭換面的氣力。假若相關部門均是單一思考，一個城市的再造也就僅只產生表面且短暫的結果。厄斯特松德美食之都的發展，除了來自地方政府對於美食相關企業家的支持外，還必須與農人緊密的連結。厄斯特松德透過互相的指導引領、訓練支援以及產品發展的緊密連結，是其獲得 UNESCO 創意美食之都美名的主要原因。

沙漠中的設計

工藝與傳統藝術之都：
美國聖塔菲

Santa Fé

USA

● Santa Fé

鳥瞰聖塔菲：地理與人文

　　紐約百老匯的知名搖滾音樂劇《吉屋出租》（Rent）描述著一群窮困潦倒的音樂人與藝術家，即使在愛滋病的陰影下，依然在城市中繼續創作的夢想。這部歌劇獲得了東尼獎及普立茲獎兩大殊榮。劇中主角曾經提到，他的夢想是到聖塔菲開餐廳。

　　「聖塔菲」在哪裡？為何高原沙漠中的小城市，魅力遠勝紐約市？為何它會是大都會年輕人心中的夢田？

　　西班牙語裡的「Santa Fé」意為「神聖的信仰」，該市位於美國新墨西哥州，是美國新墨西哥州的州府，也是聖塔菲郡的政府所在地。聖塔菲位於海平面 2,314 公尺以上，是美國境內地勢最高的州首府。聖塔菲總面積約 97 平方公里，陸地面積即佔了 99%，屬於高原沙漠地形。此城建造於 1609年，是美國境內最古老的城鎮之一，居民總數將近 70,000 人，人口密度約每平方公里 750 人。前往聖塔菲的交通方式，需先搭乘飛機到新墨西哥州阿爾布奎基市機場（Albuquerque International Sunport Airport），接著轉機場巴士前往聖塔菲市商業區，車程約一個半小時；搭乘火車從洛杉磯到聖塔菲要 18 小時。

　　十七世紀之初，西班牙殖民者從墨西哥向北探勘，在惡劣的環境下發現了「大河」（Rio Grande），座落於大河河谷的聖塔菲成為落腳墾殖之處，並將此處命名為新墨西哥，而聖塔菲也於 1609 年成為該處首都。在開拓的過程中，當地的拉丁裔新住民，與土生土長的印地安人之間，無可避免發生大大小小的衝突和摩擦。隨著西班牙帝國的衰落，各所

屬殖民地紛紛想擺脫西班牙的統治。其中，墨西哥經過 11 年的獨立戰爭，在 1821 年成功獨立，當時墨西哥面積涵蓋的範圍比現今還要大。卻又因德克薩斯共和國（今德州）與美國於 1846 年烽火再起，美軍攻進聖塔菲、入侵聖地牙哥及洛杉磯，南下佔領墨西哥首都，史稱美墨戰爭。

　　天主教、西班牙語和熱情的拉丁文化，皆是在這個背景中匯聚在聖塔菲。戰火平息之後，聖塔菲居民同時吸收了美國特色、卻也保有西班牙的拉丁風格，市區中充斥墨西哥料理餐館，以拉丁美洲城市特有的城市廣場（Plaza）為中心向外蔓延開館。

　　聖塔菲街道上的建築外觀都有自己專屬的特色，泥土外牆的木造建築，卻搭配著陽台挑高的西班牙洋樓，或宏偉的天主教堂修道院。在象徵著昔日統治者的舊州長官邸前，卻有許多兜售著印地安、拉丁美洲或非洲風格的手工藝品攤販。雖然整體有點格格不入，但各建築卻又相互融合，交織出專屬聖塔菲的地方特色。

　　歷史悠久的聖塔菲火車站（Santa Fe Depot），曾經是從美國東部和中部通往南加州、墨西哥的交通要道，鐵路也不斷迎來了許多渴望夢想成真的年輕人，帶著藝術天賦和滿腔熱血，希望在此地登上國際舞台一炮而紅。西班牙拉丁、印第安、美國三重文化交織的豐富歷史傳統，使得聖達菲以藝術、建築以及旅遊三大產業聞名於世。

美國第一座創意城市

沙漠中的美學奧運

　　美國作為世界第一大國，儘管得天獨厚的擁有二十多項歷史古蹟和世界遺產，但美國境內僅有三座聯合國教科文組織（UNESCO）認證的創意城市。因此，在 2005 年八月 UNESCO 宣布聖塔菲為設計、工藝與傳統藝術城市（UNESCO City of Design, Crafts and Folk Art）時，即引起從二次大戰以來就著重科學技術發展的美國國民的關注與討論。

　　世界各地的藝術家和藝術展館雲集於聖塔菲，國際知名的峽谷路（Canyon Road），聚集著無數的藝術家、畫廊、藝廊。1920 年代在紐約成名、成為美國最具代表性的女畫家喬治亞・奧基芙（Georgia O'Keeffe）曾經從紐約千里迢迢的移居到聖塔菲，喬治・奧基芙博物館（The Georgia O'Keeffe Museum）正是為紀念這位美國最偉大女性藝術家所興造，其庭院和人行道上經常擺設著各式各樣的裝置藝術和雕塑。

　　位處美墨邊境的聖塔菲，為了保持當地的地方建築特色，新墨西哥州政府特別在 1956 年發布法令，規定市內所有的建築皆須表現出西班牙村莊風格：泥草牆和木頭結構，使得街道許多鋼筋水泥建築又添加了瓦屋頂和泥草牆。因此現今聖塔菲的建築，觸目眼及盡是泥土色調的建築物。市民的精神堡壘拉瑞多教堂（Loretto Chapel）內部有一座螺旋梯，這座螺旋梯共 33 階，360 度旋轉兩次，

其中沒有使用任何一根鐵釘，全靠扶手支撐，充分展現其建築特色。

　　經濟上聖塔菲以觀光業為主，吸引全球各地的遊客來此朝聖。各式的高級餐廳、旅館、以及表現原住民特色的印地安商店與市集四處林立，構成了聖塔菲特殊的多元餐飲文化。在星垂平野、天寬地闊的高原沙漠景致裡，圍繞著街角擺設著深具印地安民俗傳說，色彩濃厚的雕像或圖騰，走入聖塔菲彷彿進入了印地安傳說，以及西班牙拓荒傳奇之中，讓居民與遊客的視聽、觸味等感官得到迥異於其他城市的刺激和滿足，成為一種可動態的文化饗宴和體驗。

　　UNESCO 於聖塔菲的獲獎宣告中指出，商品、創意與知識的交換深植於聖塔菲，這座城市延展了早期培布羅族印地安（Pueblo Indians）原住民文化、墨西哥土著文化、卡米諾大道（the Camino Real）文化、聖塔菲小徑（the Santa Fe Trail）文化，一直延伸到聖塔菲設計之週以及國際民俗工藝市場。聖塔菲獲得此項殊榮的主因是基於交通樞紐的特性，不斷吸引全球各地藝術家、夢想家、企業家和無數的遊客前來朝聖，經由參與了豐富、獨特的美學傳統而獲得啟發，藝術創作因而生生不息。這項認證也突顯出文化產業也能在城市中獲得展現，並且城市也能在全球性的平台上與各界分享創意經驗、知識以及文化上的實踐。

卡米諾大道與聖塔菲小徑

　　卡米諾大道指的是從墨西哥城（Mexico City）向北通往聖塔菲的縱谷，自西班牙人由墨西哥向北開拓時期開始，這條長達 2560 公里的狹徑成為重要的南北

交通要道，因此途中設立許多具有墨西哥風格、西班牙色彩的小鎮，為路過的商旅遊客提供必要的補給。

聖塔菲小徑則是自十九世紀以來美墨之間的商業貿易通道，向密蘇里州的西邊與美國銜接，1846年的美墨戰爭期間，也曾扮演軍事戰略與後勤補給上的重要角色。行經堪薩斯州、科羅拉多州、新墨西哥州北部的聖塔菲小徑，目前已被指定為國家風景道。

由於卡米諾大道與聖塔菲小徑的開發，使得美國西南部與墨西哥開始有絲綢、布匹、牲口與皮毛等物資的貿易和商業活動。因此，有別於美國東部對英國與歐洲大陸物資的依賴，卡米諾大道與聖塔菲小徑的存在見證了美國本土境內貿易的原生商業活動。

歷史記載一萬年前，聖塔菲就已經是商業中心，西元850年至1000年之間成為培布羅印地安原住民獵人交易的部落；西班牙殖民地時代，聖塔菲又成為墨西哥城通往美國德州的米卡諾貿易線上必經的門戶。1822年墨西哥獨立後，聖塔菲再度成為美國原住民、西班牙殖民者、墨西哥居民、歐洲移民、美國公民等不同類型族群的共同貿易中心站。印地安文化特有的陶器、編織和手工珠寶飾品、西班牙殖民帶入歐洲風格的藝術品、美國本地由東岸到西岸繁衍出的本土色調，多重文化的交織，所產生的特殊風情就在美國西南方聖塔菲這座小城閃亮發光。

於是乎，聖塔菲比其他都市城鎮更重視、更能包容各種藝術文化，城內有超過200座畫廊、8座博物館、國際著名的表演藝術機構、新興媒體、製片與設計

公司，使得聖塔菲成為繼舊金山之後美國第二大藝術品交易市場，因此創業產業發展所需要的新興創意公司、展演團體、藝術訓練學校、作品交易人訓練等周邊產業一應俱全。

　　國際旅遊市場隨著跨國觀光的便利而蓬勃，這也使得聖塔菲吸引了西班牙、墨西哥等地的觀光客前來造訪，許多藝術家的作品經常在展出後即被收購。聖塔菲的藝術品交易市場上，集結了來自 47 個國家、共 160 位國際級藝術品創作大師，光是在 2008 年平均單一攤位收入即有 1300 美元（約 39,000 元台幣），交易市場總銷售額超過兩百萬美元。

雙料冠軍之城：設計暨工藝與傳統藝術

　　聖塔菲能有別於其他的城市，同時獲得設計與工藝與傳統藝術的雙項殊榮，除了多元的文化帶來的利基外，其重要之處在於聖塔菲不侷限工藝與傳統藝術的發展，反而是將其與設計產業鏈結合，同時發展出具有當地特色的設計產業。

　　聖塔菲擁有豐富的文化底蘊、驚人的藝術創作以及歷史悠久的創意產業，更保有過去傳統聖塔菲居民居住的古老社區、蜿蜒的街道、歷史建築與文化傳統，使得聖塔菲是美國保留最原始、最真實的城市。一如進入此城的第一站：聖塔菲火車站，曾經是美國東部和中部通往南加州的交通重鎮，具有一百年歷史的西班牙殖民時期舊式建築，卻是一座輕軌電車、美國鐵路和海景火車「三鐵共構」的車站，暨有多元文化傳統、也具備著現代化設計。

　　聖塔菲的地理區本質上連結了墨西哥與美國西南部，縮短了美國西南部與美國其他地方之間的交通，又因保持了異質文化的經驗與知識，為當地帶來許多的經濟效益與更良好的社會發展，成功的證明文化產業對城市發展的重要貢獻。休閒旅遊雜誌（ *Travel + Leisure Newly* ）在 2012 年指出聖塔菲社區被稱為是美國藝術界的天堂。

　　新墨西哥大學（University of New Mexico）商業與經濟研究中心（Bureau of Business and Economics Research）研究統計指出，聖塔菲城區合計約 70,000 家文化企業，城市中平均每人從事文化企業數的比例遠高過美國其他城市。每年創意產業的經濟活動產值高達 11 億美元，市內每六人就有一人受僱於創意產業。

　　2004 年，十位藝術家進駐聖塔菲國際民間藝術市場，看見聖塔菲發展的可能性，進而著手進行申請聯合國教科文組織之創意城市網路，集結聖塔菲當地社區大學，設立設計、藝術等相關培訓中心，同時連結新興創意產業結合科學藝術，並設立網頁平台，推廣聖塔菲當地多元的文化，藉此行銷至國內與國外市場，吸引更多藝術家、企業家、建築師等夥伴投入申請聯合國教科文組織。

　　隨著愈來愈多藝術家、建築師、民間團體、作家等專業人士的進駐，也吸引當地政府更加重視和投入公部門預算來支持創意產業的發展，並與民間團體共同設立博物館、歌劇院、培養表演藝術團體，將聖塔菲文化與建築的美名行銷至世界各地，促進科學技術與藝術結合，強化聖塔菲特有的多元文化。聖塔菲市政府對創意產業發展的全力支持以及有效的策略規劃，產生了城市發展的綜效。例如文化、藝術、與觀光旅遊計畫（the Culture, Arts and Tourism Plan）、聖塔菲藝術

委員會所設計的長程計畫（the Santa Fe Arts Commission Long-Range Plan）、與城市經濟發展計畫（the City's Economic Development Plan）三套機制的目標相互一密切配合。更值得提的是市政府提供了所有市內建設計畫的百分之二、也提撥全城旅館稅收的百分之一做為支持創意工藝產業的發展基金。

聖塔菲成為文化產業的樞紐之後，政府機構更加碼贊助國際旅遊會議，吸引眾多藝術家、夢想家、企業家與無數的遊客前來朝聖，同時參與當地豐富且獨特的美學視角與傳統文化，規劃城市藝術的長期發展。依據 UNESCO 的標準，創意旅程，必須是可以透過旅遊直接參與、親身體驗並學習有關藝術、文化遺產和地方特質的行程。聖塔菲與其他 UNESCO 創意城市在 2008 年共同合作並贊助舉辦聖塔菲創意旅遊國際研討會（Santa Fe International Conference on Creative Tourism），來自 16 國超過 200 名專家一起討論創意城市旅遊及發展經濟的途徑，產生了極大的擴散效果。

聖塔菲藝術委員會也在同一年裡籌設了「聖塔菲創意旅程」（City of Santa Fe Creative Tourism, SFCT）藉由數位化多媒體行銷配合既有的促銷方式，將藝術家和企業活動予以整合，SFCT 旅程活動至 2012 年的總收入約 60,000 美元（約 183 萬元新台幣），年成長率達 53%，每年參加人數都在 300 人次以上。SFCT 目前已出版《Creative Tourism: A Global Conversation: How to Provide Unique Creative Experiences for Travelers Worldwide》一書，記載創業旅遊與一般旅遊的差別及特色，成為創意產業與行銷聖塔菲城市觀光的最佳教案，高居亞馬遜書店五顆星暢銷書之一。

工藝與傳統藝術及其影響

　　聖塔菲出名的傳統工藝可進一步追溯到格藍德河（the Rio Grande）的培布羅族印地安（Pueblo Indians）原住民時期文化，與十六世紀西班牙人殖民地時期，這兩階段所傳承的藝術品項都是以傳統社群生活為主的日用品，包括製陶、編織、織籃、珠飾品、珠寶、木雕和錫製品等。可惜的是這些手工藝品在現代化的美國生活中消失殆盡，也因此聖塔菲成為美國唯一以文化生活產業做為城市核心價值的城市。聯合國教科文組織創意城市的宣告書中指出，近四百年以來，「聖塔菲」城市之名始終與世界公認的藝術、工藝及其表現方式、以及與眾不同的設計概念緊密相連。

　　聖塔菲是美國第三大藝術市場與第二大藝術品交易市場，根據「Artists in the Workforce 1990-2005」統計，聖塔菲在 2000 年時，78000 名市民中就有 2600 多位藝術家，藝術家佔總人數的 3%。聖塔菲也是國際公認的工藝創作品博物館中心，例如以美國原住民藝術收藏著稱的亞歷山大古拉德收藏館（Alexander Gerard's collection）、美國印第安人藝術文化收藏著稱的車匠博物館（The Wheelwright Museum of the American Indian and the Museum of Indian Art and Culture）、西班牙殖民藝術博物館（the Museum of Spanish Colonial Art）、新墨西哥州歷史博物館（the New Mexico History Museum）、新墨西哥藝術博物館（the New Mexico Museum of Art）、聖塔菲兒童博物館（the Santa Fe Children's Museum）。其中，聖塔菲的鎮城之寶，當屬紀念美國最具代表性的女畫家喬治

亞‧奧基芙的喬治亞‧奧基芙博物館（The Georgia O'Keeffe Museum），除了收藏奧基夫的畫作外，亦展出多位知名攝影家拍攝奧基夫的照片。聖塔菲歌劇院也同時集合了當代國際知名表演藝術團體，定期舉辦室內樂音樂節（the Santa Fe Chamber Music Festival）。

聖塔菲的成績單：台灣城市可以從聖塔菲學到什麼？

　　當地的藝術與文化產業是聖塔菲經濟的主要來源，不僅創造工作機會、吸引投資、增加稅收，更提高聖塔菲居民的生活品質。在 UNESCO 的支持贊助之下，聖塔菲著手開始培訓工藝藝術家，建立全球工藝藝術家市場，帶入並訓練 75 位藝術家有關藝術行銷與工藝銷售的方式，這些行動使得聖塔菲得以在 2005 年獲選加入創意城市網絡，成為美國第一座設計之都、全球第二座加入創意城市網路的創意城市，以文化多元性與永續都市發展為目標，引領全球文化產業的創意、社會及經濟潛能。

　　聖塔菲將城市過去的歷史軌跡不再只作為書面上的紀錄，而是透過工藝技術的方式保存並流傳下來。除了讓後代的聖塔菲市民能實際了解城市過去的記憶，也可向各國展示自己城市的驕傲。聖塔菲清楚了解自己的城市優勢與定位，同時橫向連結其他相關的工藝藝術家，並縱向發展具有聖塔菲獨特工藝與設計觀的設計產業鏈，為聖塔菲注入新的人才與金流，帶動城市的發展。

佛朗明哥的發源地

古典歌劇之城：
西班牙賽維利亞

Seville

Spain

- Seville

鳥瞰賽維利亞：地理與人文

　　隨著熱情的音樂，盡情揮灑奔放的舞步，位於西班牙西南方的賽維利亞，人口不及馬德里、巴塞隆納等大城，但卻是著名舞蹈佛朗明哥的發源地，也是世界上第一個獲得UNESCO認證的音樂之都，到底這座城市有什麼魅力能躍上國際舞台？

　　做為西班牙海上霸權時代最富裕的城市，賽維利亞的城市風貌可說是千變萬化；基督、伊斯蘭、猶太文化的完美融合在此地充分展現，羅馬、哥德及文藝復興式的建築和地中海風味的花園景觀讓遊客彷彿置身在中古世紀，富有生命力的城市精神讓不少經典歌舞劇、電影，如卡門、賽維利亞的理髮師……等皆以賽維利亞作為劇情背景的舞台。就是因為歷史與多元文化融合所奠基出的文化涵養，才能孕育出佛朗明哥這樣精彩絕倫的歌舞，賽維利亞絕對是一個讓人回味無窮的城市。

　　賽維利亞位於西班牙的南方，是安達魯西亞（Andalusia）自治區的首府，目前也是西班牙的第四大城。賽維利亞是西班牙唯一的內陸港口城市，瓜達幾維河（Guadalquivir River）穿過市中心並流往大西洋，由於瓜達幾維河是西班牙唯一船隻可以通航的河道，在陸上運輸還不夠便捷的時期，擁有水上運輸的優勢讓賽維利亞的重要性大幅提升，尤其是在十五、十六世紀的大航海時代，西班牙帝國是歐洲環球探險與海外殖民的先驅者之一，哥倫布與麥哲倫的偉大旅程便是從賽維利亞開始揚帆。

　　今日的賽維利亞已是西班牙南部的觀光重鎮，鐵公路

建設非常完善，於西元 1992 年也開通一條與西班牙首都馬德里（Madrid）相連的高速鐵路（AVE High-Speed Train Service），讓相距 500 多公里的兩地，旅行時間縮短至三小時以內，若想前往西班牙東北方的第二大城巴塞隆納（Barcelona）也僅需五個半小時即可到達；另外，距離市中心約十公里則有賽維利亞機場（Seville Airport），此機場除了有國內航線外，也有航班飛往英國倫敦、法國巴黎、荷蘭阿姆斯特丹……等超過三十個歐洲其他大城市。

　　城市內交通也是四通八達，由公車、地鐵所組成的公共交通系統讓來自世界各地的觀光客能夠在城市盡情徜徉；近年來，賽維利亞市政府積極推動節能減碳政策，已於西元 2007 年啟用輕軌電車；而和台北市 YouBike 相仿的腳踏車租借系統，也因政府在市內各大幹道設置腳踏車專用道後讓使用率大幅提升 [1]，這些新式的公共交通工具除了提升城市旅行的便利性外，更改變了城市生活的型態與風貌，不啻是另一種觀光的亮點。

　　賽維利亞的城市歷史超過二千年，約可回溯到古羅馬時代，賽維利亞市區現還存有古羅馬高架渠（Roman Aqueduct）水道的遺址。到了八世紀初期，信仰伊斯蘭教的伍麥亞王朝（Umayyad Caliphate）率領北非同是伊斯蘭教信徒的摩爾人（Moors）跨海攻佔伊比利半島，並以賽維利亞作為管理此區域的政經中心，這也開啟數百年阿拉伯文化對賽維利亞的影響，目前城市內仍有許多建築帶有濃濃的伊斯蘭風情，最有名的應屬賽維利亞王宮（Royal Alcázar of Seville），最初是由摩爾人興建作為防禦堡壘使用，之後隨著朝代更替而加入不同的建築風格元素，因此，有別於一般基督文化建築的宏偉高雅，賽維利亞王宮富麗堂皇的內裝，總讓觀光客忘記身處歐洲，而賽維利亞王宮也在西元 1987 年被聯合國教科文組織列為世界文化遺產（UNESCO World Heritage Site）。

　　在伊比利半島北方的基督教國家，幾世紀以來力圖收復由阿拉伯帝國所佔

1　賽維利亞市內的腳踏車專用道總長將近 130 公里。在腳踏車專用道興建前，城市的腳踏車租借系統每日借出量約 5,000 輛次，興建後暴增到 72,000 輛次。

據的領土，經歷數百年的征戰，十三世紀穆斯林勢力終於退出賽維利亞，基督教文化變成城市的主流。中世紀是西班牙的黃金年代，哥倫布發現新大陸後，西班牙更把賽維利亞做為全歐洲唯一與美洲進行貿易的港口，新大陸的黃金、白銀與香料皆必須透過賽維利亞才能夠銷往歐洲各地，而這樣獨佔的優勢地位足足維持了近三百年之久，在這段期間，賽維利亞的城市人口更逼近百萬之譜。

　　賽維利亞目前的城市規模已不偌從前，城市人口數約 70 萬人左右，但仍遜於馬德里、巴塞隆納、瓦倫西亞等西班牙大城。以城市旅遊為基礎而發展的產業結構仰賴的便是大量的觀光人潮與消費，除了以歷史古蹟、風土民情作為城市賣點外，也必須思考如何提升城市的附加價值，讓旅遊的熱潮能夠不斷延續。賽維利亞的音樂來自於悠久歷史的傳承與薰陶，善用自己的特點並予以發揚，讓賽維利亞在西元 2006 年成為 UNESCO 第一個認證的音樂之都。

Tips
中世紀經濟的蓬勃發展也帶動了城市各項建設，賽維利亞的西印度群島檔案館（Archivo General de Indias）便是一例，此棟建築興建於十六世紀，原是作為商品交易所之用，在西元 1785 年後則被用來存放西班牙在海外殖民霸權時期的各種歷史文物與相關文件。

Spain　　Seville

歷史舞台最耀眼的表演家

歐洲古典歌劇最喜愛的城市

　　賽維利亞因位處在歐非交界，河港又曾是歐洲航運的樞紐，基督教與伊斯蘭文化在此匯聚融合，自古以來便是吉普賽人（Gypsy）的聚集地，而吉普賽人熱情、奔放及不拘小節的性格也讓賽維利亞有著與其他歐洲城市迥異的異地風情。法國作曲家：喬治・比才（Georges Bizet）在西元1874年所完成的著名歌劇作品《卡門》（Carmen），便以賽維利亞作為背景，描述卡門周旋在兩個男人之間愛恨情仇的故事，劇中放蕩不羈的吉普賽女郎、為愛所困的軍官與雄壯威武的鬥牛士，三位角色的高張力表演讓觀賞者心情不禁跟隨劇情與音樂上下起伏，而劇中穿插的阿拉貢舞曲、鬥牛士之歌、波西米亞舞曲……等，時至今日都仍是膾炙人口的曲目。

　　西班牙傳說中的花花公子：唐璜（Don Juan），該角色也是設定為賽維利亞的貴族，由於故事性高且流傳甚廣，莫札特曾為其譜曲作為歌劇演出，劇中描述喜歡偷香竊玉的唐璜在情場中無往不利，最終卻因無法了解愛情的真諦而落入地獄。另外，法國作家博馬舍（Pierre Beaumarchais）於西元 1775 年以費加洛為主角的所寫的劇本《賽維利亞的理髮師》（The Barber of Seville）、《費加洛婚禮》（The Marriage of Figaro）及《有罪的母親》（The Guilty Mother）同樣把故事背景設定在十七世紀的賽維利亞；而莫札特也在西元 1786 年將《費加洛婚禮》譜曲成歌劇

並進行公演。過去數個世紀中,總計有超過一百部歌劇受到賽維利亞這個城市的啟發,而作曲者除了莫札特外,還有貝多芬、威爾第、普契尼⋯⋯等人。

　　這麼多的經典歌劇將賽維利亞作為主要故事背景,從這點便可以了解中世紀的賽維利亞在這些藝術家眼中是多麼地具吸引力。這座城市就如人一般擁有喜怒哀樂、七情六慾,而這樣的城市情感激發出創作者源源不絕的靈感;這些流傳於世的劇中主角們也不斷勾起世人對賽維利亞的想像力,配合著賽維利亞各處的名勝古蹟與浪漫氛圍,當觀光客探訪城市時,便如墜入劇中情節,耳邊也不自覺響起那些劇中經典橋段與曲目。

　　當地先見之明者看見了歌劇與城市形象結合對於城市觀光發展有所助益,便提出歌劇不應只侷限在戲院欣賞,城市必須主動推廣給全世界認識,讓歌劇成為城市的標誌。因此,賽維利亞旅遊聯盟(Seville Tourism Consortium)便與賽維利亞藝術文化協會(Instituto de la Culturay las Artes de Sevilla, ICAS)一同進行「賽維利亞,歌劇之城」(Seville, City of Opera)專案的合作,期待藉由歷史文化建築與歌劇的結合,讓遊客不僅在視覺上得到滿足,聽覺上也能夠獲得音樂的洗禮,而這樣的活動深獲民眾好評,目前表演的場地已擴及到整個城市,而賽維利亞也成為全球推動歌劇創作活動最積極的城市之一。

生命的吶喊:佛朗明哥

　　除了歌劇撼動人心外,賽維利亞同樣也是著名表演:佛朗明哥(Flamenco)的發源地;充滿節奏、韻律、能夠勾起觀眾情緒的佛朗明哥是安達魯西亞當地的

Tips

世界第三大的天主教堂:賽維利亞聖母主座教堂(Catedral en Sevilla)也矗立在市中心內,由於教堂是在頹圮的清真寺上所興建,故在這座天主教堂中也找的到些許伊斯蘭文化元素,歷經上百年興建的賽維利亞聖母主座教堂擁有宏偉的歌德式建築與細緻的雕刻,教堂內並珍藏許多中世紀知名藝術家的屏風與畫作,這些工藝與藝術結晶都見證賽維利亞輝煌的歷史與深厚的人文素養,另外,開啟西班牙黃金時代的哥倫布,其棺槨也放置於此以供後人憑弔。西印度群島檔案館與賽維利亞聖母主座教堂皆在西元 1987 年被聯合國教科文組織列為世界文化遺產。

傳統歌舞表演，結合了摩爾人文化、拜占庭教堂文化與吉普賽風格，西元 1748 年在賽維利亞特里亞納區（Triana district）舉辦首次正式表演。佛朗明哥的誕生可追溯到中世紀時代，在基督教政權戰勝伊斯蘭國家後，仍留在賽維利亞的摩爾人與吉普賽人因為宗教信仰的不同而遭受迫害，在經歷顛沛流離、朝不保夕的生活後，他們為了宣洩壓抑的情緒而以歌舞傳達內心的感受，因此，佛朗明哥表演者有時像是為命運的無奈與悲傷而低喃，有時卻又像有無限希望般輕快活潑，峰迴路轉的表演節奏便像是表演者向觀眾傾吐心事般，而這也是為什麼佛朗明哥表演這麼具有渲染力的原因。

佛朗明哥表演一般是在小酒館裡演出，主要是由三個元素所組成：歌唱、舞蹈與吉他，隨著氣氛的不同，舞者會在吉他與歌唱聲中即興演出，藉由身體的律動、手臂手腕的動作與腳步的快慢節奏變化讓觀眾沉醉在整場表演之中；而這樣的表演若沒有賽維利亞的歷史環境影響相信也無法如此精采，若是缺少吉普賽人桀敖不馴的精神融入也將減少引人入勝的萬種風情。

佛朗明哥幾乎已變成西班牙的代表文化，作為誕生地的賽維利亞每年更吸引數以萬計的表演藝術家前來朝聖。在城市內很多戲院、餐廳、酒吧都可以觀賞到佛朗明哥，市政府也特別設置了佛朗明哥舞蹈博物館（Flamenco Dance Museum）以進行有系統的佛朗明哥教育與推廣活動，對賽維利亞的市民來說，佛朗明哥便是生活的一環。

永不謝幕的活動慶典

　　賽維利亞的節慶可說是多不勝數，最富盛名應該就是復活節前一周舉辦的「賽維利亞聖周」（Semana Santa de Sevilla）以及之後的「春會」（Feria de Abril）。對於信仰虔誠的天主教徒來說，賽維利亞聖周是非常重要的宗教慶典，每年的這個時候，賽維利亞會有非常盛大的遊行活動，參與遊行的教會教徒們尾隨著前方的聖轎慢慢前進，偶爾會奏起聖樂或吟唱聖歌，活動非常莊嚴肅穆。過幾周舉辦的春會則是完全不同的型態，會場搭起上千個帳篷，帳篷內有各種市集，也會舉辦音樂、舞蹈、佛朗明哥、鬥牛……等各種娛樂活動，市民們會穿起傳統安達魯西亞服飾[2]參與狂歡，路上還不斷地有四輪馬車與騎士從旁經過，讓人忘了自己身處的年代；整個節慶過程會持續七天，此時便可充分體會到賽維利亞人的熱情與對音樂的喜好。

　　另外，賽維利亞每年春季還會有名為 Territorios 的國際音樂祭，這個音樂祭會邀請各類型的流行樂手前來參與盛會，像是搖滾、嘻哈、電音……等不同的音樂類型都會出現在這個音樂祭裡，甚至還有演唱會，甚至還有見面會、電影試播……等其他活動，可說是非常多元的節慶。除了流行音樂慶典，每年三月份則有以傳統安達魯西亞音樂為主的「FeMàs 音樂節」，演奏地點會選擇在教堂或歷史古蹟裡，對於傳統音樂的保存與傳承有非常好的效果；而其他大大小小的音樂節慶，諸如：爵士音樂節、露天歌劇節……等都讓城市時時充滿歡樂與音樂的氛圍。當然，各種國際重要的音樂節慶，賽維利亞也都會積極爭取舉辦，例如國

2　男性穿著傳統西裝短外套、緊身長褲並加上馬靴；女性則穿上色彩鮮豔的傳統魚尾荷葉邊長裙。

際探戈節（International Tango Festival）、歐洲音樂日（European Day of Music）……等都曾在賽維利亞現聲。

賽維利亞的成績單：台灣城市可以從賽維利亞學到什麼？

　　長期累積的文化素養滋潤著賽維利亞城市的成長，擁有說不盡的動人故事與歷史古蹟是賽維利亞與其他城市競爭的利器，但單憑城市過去的榮耀並無法成為國際間一流的城市，所以，賽維利亞以佛朗明哥與歌劇為根基，透過舉辦各種節慶，持續在音樂領域發展。

　　目前城市內有超過 30 家樂器行及 16 間的音樂製作公司，大型的劇院便有五間，而音樂餐廳更是隨處可見，在西元 1980 年代前往賽維利亞，城市內許多酒吧仍是以佛朗明哥表演為主，但現在遊客在賽維利亞卻可以找到非常多現場演奏的藍調、鄉村、搖滾……等不同類型的音樂餐廳或酒吧，顯見城市在音樂多元化這方面已有顯著成果。

　　對於佛朗明哥的推展，賽維利亞不愧有「佛朗明哥誕生地」之美名；除了城市內的佛朗明哥表演非常多，讓表演工作者有舞台可以展現自己的技藝外，人才培育部分也已經形成非常完整的教育產業，這裡的公營或私人佛朗明哥訓練教室非常專業，針對表演三元素：舞蹈、歌唱、吉他都有分別開班授課。面對世界各地慕名前來的表演者也會根據程度的不同，而有多種初中高級的理論與實際表演的課程可供選擇。另外，在佛朗明哥表演時所需的各式用品及專業表演服，也

有許多店家提供訂製的服務，可以說圍繞在佛朗明哥的各式產業都已非常完備。此外，開始於西元 1979 年的賽維利亞佛朗明哥雙年展（Bienal de Flamenco de Sevilla），更成為全球佛朗明哥表演者必須要參加的盛會，所有知名的舞者齊聚一堂可以觀摩、砌蹉彼此的技藝，而為期一個月的表演活動也有地方電視台進行轉播，對於佛朗明哥表演拓展國際市場有相當大的幫助，也讓賽維利亞的名聲更為響亮。

除了專門對佛朗明哥表演投入資源支持外，城市對於音樂領域人才的訓練與培育也已扎根許久，目前城市內的三所公立大學[3]及音樂學院都設有音樂學程或學位，政府也會規劃多項政策支持音樂發展，例如：與賽維利亞巴洛克樂團合作，提供當地國小孩童傳統音樂免費培訓課程……等。

年均溫約 19 度、每年擁有近 3,000 個小時日照的賽維利亞，可以說是歐洲天氣最宜人的城市之一，而歷史與人文背景吸引著來自全世界的觀光人潮，當地政府也擁有清楚的城市願景與配套的施政規劃，在這些天時地利人和下，相信賽維利亞仍將以觀光成為城市發展的動力，以音樂做為站在國際舞台的最佳賣點。

---

3   三所公立大學分別是：塞維利亞大學（University of Seville）、巴勃羅‧奧拉維德大學（Pablo de Olavide University）、及安達魯西亞大學（International University of Andalusia）

France
Lyon
里昂

1

2

3

4

1 ｜ 從巴黎市區搭地鐵，一上到地面，往對街望去就看到盧米爾博物館弧形之高聳石牆。
2 ｜ 相當高的廣告牆，下層是地鐵出口，牆繪著盧米爾兩兄弟的作品。
3 ｜ 拍電影用的多鏡頭攝影機。
4 ｜ 盧米爾兄弟所用的道具。

5

6

5 ｜盧米爾兄弟也發明了底片。
6 ｜博物館的時光隧道出入口。

7

9

8

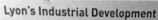

10

7 | 盧米爾博物館外牆英雄榜。

8 | 建築上的創新，建築中的建築，背對背的兩棟建築中間，還夾一棟建築從前棟大門進去，繞一繞可從後棟大門出來，這就是稱為穿百樓（traboules）的建築。此圖的第三到第五層窗戶形狀不同，是後來加蓋的。

9 | 里昂之城市標記，以 Lyon 四個字母組成「Only, Lyon」來行銷里昂。

10 | 紀念碑上記錄著里昂一百多年前就開始著重創新教育、研發與國際交流。

11 ｜里昂重視國際交流，圖為韓國贈送的花球。

12 │ 里昂街頭廢棄物藝術品。

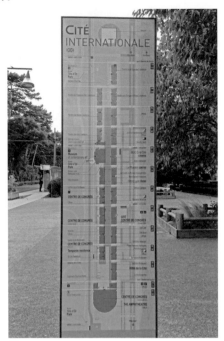

13

13 ｜里昂市郊的國際城，是長廊型的設計，左後方電車站對面就是「里昂現代藝術博物館」。

14 ｜里昂現代藝術博物館，當時正展覽「想像巴西」。

15 ｜國際城佔地相當廣，開幕沒多久，希爾頓飯店已進駐。

14

15

16 ｜傍晚的廣場有音樂就可翩翩起舞，此處也是里昂年底燈光秀的主場。

17 ｜里昂連番茄都有創新的外觀。

18 ｜有水的城市都有許多美好的故事，也因而孕育出里昂豐富的歷史。

16

17

18

England
Norwich
諾威治

19

19 ｜諾威治大教堂

England

Bradford

布拉德福德

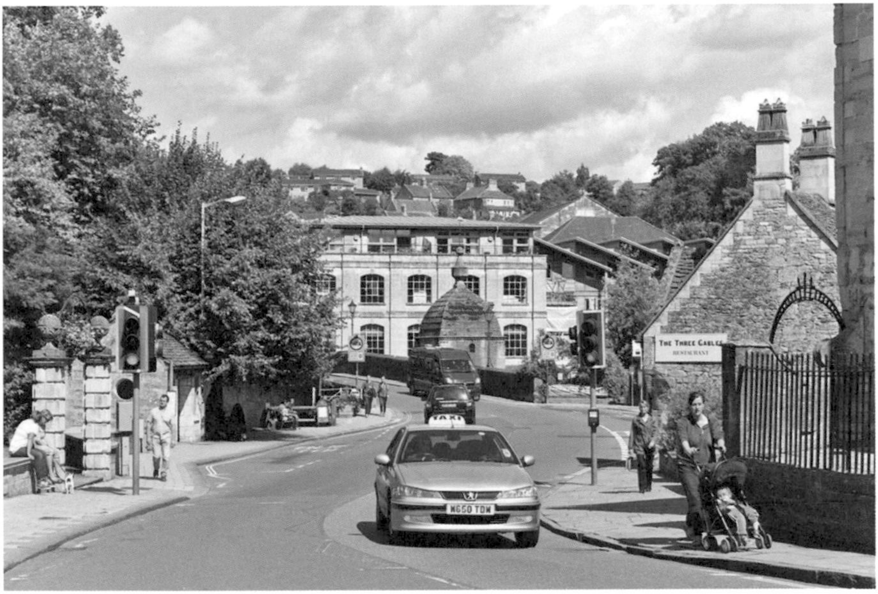

20

20 | 布拉德福德街頭

未來城市的代表

世界數位藝術總部：
法國里昂

Lyon

France

● Lyon

鳥瞰里昂：地理與人文

法國第二大都會區里昂（Lyon），東鄰瑞士日內瓦，南俯地中海位居巴黎東南方鐵路兩小時車程，是法國高科技產業、數位媒體產業、電影工業的中心。巴黎與里昂相當於台北市與新竹市，兩大城市相互鄰近，分別構建成國家的政治行政樞紐與產業經濟中樞。

里昂位於法國東南部「羅訥－阿爾卑斯行政區」（Rhone Alpes），市區面積將近 48 平方公里，是羅訥省的首府，也是法國境內僅次於巴黎的第二大都市區。其地處羅訥河谷走廊，坐落在西歐的十字路口，由地中海、大西洋、東歐所圍繞。市中心位於頌恩河與隆河的沖積扇平原之間，舊城區橫跨頌恩河，城市北面原是舊製絲區；隆河東岸則屬於現代里昂新市區：大里昂區（Grand Lyon），其涵蓋了灌木區（Croix Rousse）、舊里昂區（Vieux Lyon）和現代區（Presqile）。里昂所在地羅訥省，面積共 43600 多平方公里（占法國的 8%），由八個省組成，也是法國第二大行政區。

截至 2013 年官方統計，大里昂（the Grand Lyon）居民總人口約 130 萬人，里昂城內居民約 46 萬人，且預計在 2030 年前總人數將再增加 15 萬人。城市中每年平均成立 15,000 家新的公司，是法國第二大具商業吸引力的都市，境內擁有三座大學，許多工業技術院校也設立於此，因而里昂是大學生密度最高的地區，一共有 13 萬學生在此地就讀，其中 10% 是外籍學生。這些企業與大學造就了城內約 550 所公私立實驗機構，單是 2011 年在羅訥－阿爾卑斯行政區就產生 2100 多個專利。

　　里昂在歷史上屬於工業城，然而由於傳統產業（如絲織、紡織等）廠商關場或離境，因此里昂城也不斷經歷產業變遷與城市變革，化工產業與生物科技產業亦曾在羅訥－阿爾卑斯行政區落腳。由於市內保存有羅馬時期、文藝復興時期的遺跡，因此也入選為 UNESCO 世界文化遺產。然而，促使里昂在國際舞台上大放異彩的卻是媒體藝術。

　　里昂在 2008 年六月時獲選成為 UNESCO 媒體藝術城市（UNESCO City of Media Arts）。依據 UNESCO 針對里昂的獲選宣告，媒體藝術包含有關音樂創作、數位愛好、電視電子遊戲、圖畫藝術、藝術及創作的相關設計及新技術。里昂除了是電影的誕生地之外，也聚焦並致力於各類媒體藝術的發展。同時結合 the Global Digital Solidarity Fund 與 the World Digital Solidarity Agency 兩大國際組織，創設了擁有約 30,000 名員工、超過 2,000 家公司進駐的里昂數位中心（the Numeric Center of Lyon），並吸引國際軟體與通訊服務業領導業者，如 IBM, Cegid USA, Jet Multimedia Italia 等廠商的投資而獲獎。UNESCO 指出里昂之所以能成為國際級媒體藝術之城，很重要的原因是：長久以來城市居民的生活就與媒體藝術密不可分，當地商業機構、公共設施與公部門單位、藝術家與設計師均與城市居民一同籌辦並共同參與各種節慶和媒體藝術活動，使得里昂在法國境內和境外日益有名，吸引了國際文化工作者的注意與觀光遊客的青睞。

Tips
關於羅訥－阿爾卑斯行政區的歷史：從 1896 年盧米爾兄弟（Les Freres Lumieres）在此發明電影，接著於 1968 年舉行冬季奧運會、1996 年召開的高峰會議（G7），直至 1998 年里昂老城（Saint-Jean）獲得世界教科文組織選列為世界遺產為止，羅訥－阿爾卑斯行政區已成為歐洲最重要的大區之一。此處聚集了 40 多萬家企業，形成強大經濟體系與產業聚落，包括：生物醫藥（企業數占法國五分之一）、塑膠加工（產量法國第一、約佔全法國總產能的五分之一）、電子資訊、化學工業（法國境內最大的化學工業區）、機械、汽車、高科技紡織與服飾等產業。

里昂為何崛起？

聰明城市發展策略

　　據里昂市政府估計，在 2050 年之前將有 70% 的世界人口將移居城市，因此全球將形成三百個超級城市，負責全世界 50%GDP。基於城市發展趨勢，里昂以「大里昂聰明城市」（Greater Lyon Smart City, GLSC）計畫來因應人口日益集中、居所日漸不足所衍生的經濟、運輸、居民生活品質的各項問題。

　　「GLSC 聰明城市計畫」包含新移動力、數位服務、新聰明能源、創新與啟動等四個主題，其中兩項主要專案為：投資五千萬歐元建構以 GLSC 四大主題為核心的里昂聰明社區（Lyon Smart Community），以及整合新移動力、數位服務、新聰明能源等三項主題的 Optimod 新式移動計畫（New Mobilities），目的是建造世界第一的人流與物流移動平台與歐洲內陸首座一小時車程交通運輸中心。

　　GLSC 的四個主題鎖定在強化生活品質、創造商業機會兩項目標。例如：里昂聰明社區是城市能源管理政策的實驗專案，目的在於開發有效能源使用方法、行動電動化（electric mobility）與重新定義能源使用者角色。除了開發新式能源之外，也計畫促進共用電子載具，並安裝家用電能監控系統，以便進行能源使用的複雜資料分析。2013 年此專案依照四個主題分為三大階段、40 項專案計畫展開，預計 2015 年全面實施。在名為 Linky 的能源發展計畫中，里昂向全球企業宣告各種創新科技都可以在里昂進行測試跟實驗，此舉也讓里昂吸引國際企業的

投資，並且使得城市居民享有先進的能源與創新的科技服務。

在交通運輸方面，名為 Optimod 新式移動計畫則是運用了累積二十年的城市交通動線、旅客行動、公共運輸等面向的統計資料所設計的交通預測與管理系統，致力於整合多種旅遊與移動載具所提供的大量數據和資訊，以因應日益增加的居民、旅客、噪音及污染。藉由地下鐵、輕軌電車、無軌電車等多種公共運輸系統即時整理分析的資訊，每六分鐘就預測交通網絡動態的變化狀況，即時提供市民與旅客在行動與移動過程中的資訊服務。

結合地區特色資源與產業特性，里昂的城市發展策略聚焦在整合經濟發展和永續應用、並致力於建構有利於設計、創新、服務發展的實驗基地。因此，里昂的城市發展策略有三大主軸：

一、經濟：

高度鼓勵與數位經濟、綠色環保相關的商業活動，並積極支持新興與未來應用相關的創新與創業。同時致力於吸引其他競爭城市中的廠商前來投資里昂的未來智慧城市計畫（future smart city strategy），以生活品質和基礎建設作為保證，大幅度的鼓勵三大產業的企業投資：商業資產交易市場（property investors market）、觀光旅遊與旅館服務和研發與創新（包含生命科學、文化創意、數位科技）等。

二、永續應用：

大量運用各式各樣的新興科技，以便有效改變能源使用方式，包括促進能源生產、消費及配送方式的改變。對於城市周邊地區，則是提供新式的公共運輸方案，例如地下鐵、輕軌電車、無軌電車等。此外，里昂市區的自行車服務系統（Vélo'V bike-hire scheme）目前提供 6 萬以上的使用者在 343 個服務站使用四千多台自行車。

三、城市發展：

以太陽能、風力、氫氣等新式能源科技為核心，結合能源運用的新趨勢，以及能源開發與運用所衍生的新工作機會，以確保居民的生活品質，同時又能開發不同的服務市場與就業機會。

由此可知，里昂的城市發展策略是以運用地理區位特性，提供優質的城市生活品質、便利的交通系統和基礎建設，藉此廣泛的招納大學和企業進駐與投資，聚集高素質人力，透過大學畢業生和年輕族群的創意，大量開發、運用新興科技達成創新，帶動新創企業的發展以及創業家的機會，提供更多就業機會並吸引更多人才，也促使里昂的發展更為多元與便捷。

UNESCO 形容里昂除了是法國境內第二大衛星城市、羅訥－阿爾卑斯行政區的首府之外，也是數位領域最具競爭力的國際中心，因而成為數位時代的未來城市代表。

媒體藝術之城

里昂座落在索恩河和羅訥河合流之處，自羅馬帝國時期便是地中海通往歐洲北部廊帶上重要的水路交通要津。南來北往的貿易中，造就此地人文薈萃。盧米爾兄弟在 1896 年發明了電影拍攝技術，時至今日以公獅頭做為電影製作的片頭畫面依然是賣座電影的票房保證。七大工業國高峰會議（G7）在 1996 年選在此地舉辦、兩年後其舊城（Saint-Jean）獲聯合國教科文教組織列為世界遺產，由此可見里昂在歐洲的重要性。

在絲織品貿易為主要商業活動的中世紀時代，里昂城裡曾經存在著一座當時居民稱之為「穿百樓」（traboules）的小巷網路，方便進行貿易的商人得以帶著貨物快速的穿梭於城內頌恩河和隆河之間複雜、狹窄的通道和捷徑中。阡陌縱橫的小巷與捷徑也提供來到里昂城的各類商人旅客各式各樣的食衣住行等服務。穿百樓的設計與功能是使居民生活得更容易，商人交易更便利，輾轉流傳到現代的里昂市政規劃中，市區建設的方針即是希望利用既有的資產，配合大規模的新式技術實驗專案，設法創造有利於生活和商業的環境。

做為歐洲首屈一指的電影、視聽、電視電子遊戲、多媒體等數位娛樂產業的龍頭城市，2005 年成立的「影迷吉諾夫」（imaginove）數位產業園區正是里昂成為 UNESCO 全球數位媒體之都的主要引擎，數以萬計的大小廠商集結並分佈在羅訥－阿爾卑斯行政區內，構成上下游產業結構完整、資訊與知識流通便利的產業群聚，為園區提供各種技術開發與創意創新的機會。以 650 家為首的主要影

像技術大廠及週邊企業聚集在一地，更有 23 座研究機構進駐，方便構建技術交易的市場機制，加以 28 間與影像有關的教育訓練機構和大學院校穩定的供應各式人力資源，也促使數位產品的設計、生產和配銷發揮跨業結合和創意並產生了創業的綜效。

法國媒體藝術的搖籃

　　為了表彰紀念電影事業的開創者盧米爾兄弟，後人將他們的里昂故居改為紀念博物館（Institut Lumière），博物館的外牆遍佈著來自全球各地知名導演簽名的「電影之牆」（如第 87 頁，圖 7），儼然是全球電影產業工作者的聖殿。表達了國際各電影工作者對里昂這個電影發源地的敬意。

　　里昂不僅是電影技術發明者盧米爾兄弟的誕生地，更是法國媒體藝術的搖籃。因此，平均每月都有與電影相關不同主題的文化藝術活動以及電影節，例如：新生代電影節（Festival du cinéma nouvelle génération）、科幻電影節（Festival du film scientifique）、非洲電影節（Festival du film african）、里昂短片電影節（Festival du film court）、法語短片電影節（Festival du film court francophone）與國際電影節（Festival Hors-écran）。

玩家眼中的里昂

　　里昂生活品質優良，在法國境內的休閒生活品質排名第三、也是第二大世界

Tips 里昂的影像產業園區
以里昂影像產業園區影迷吉諾夫為核心，一共涵蓋 650 家影像技術大廠、23 座研究機構暨實驗室、45 項二年以上的認證研發計畫、超過 30% 法國籍開發者、4 間全球性出版商、15 間主要多媒體學校、超過 150 個機構單位等。

遺產景點，並享有歐洲美食首都的盛名。

　　一年到頭，里昂幾乎每個月都有各式各樣有關電影的藝文活動不斷進行著，大大小小的活動使得里昂成為法國境內首屈一指的觀光重點城市。每年五月舉辦的電子音樂節，從早到晚都有各類節目上演，為期三、四天的電子音樂表演，表演團體穿梭於里昂的俱樂部、酒吧、展覽館和劇院。里昂市中心，各種料理隱藏在街道巷弄中的餐廳和旅店中。

　　每年 12 月初國際聞名的燈光節（Festival of Lights）是里昂居民的重要活動，他們一週連續在四個晚上動用數以千計、五顏六色的燈火，照亮城內的各處文化景點，慶祝燈火的優雅與美麗，帶給人們視覺盛宴的同時，也為里昂帶來數百萬歐元的經濟效益。即使在平日，里昂每晚也在兩百多處景點打燈，為世界各地聞風而至的訪客呈現炫麗奪目的夜色。

　　里昂城內擁有國家劇院、國家樂團、美術館、電影博物館、布料博物館以及高盧羅馬文明博物館（Musée de la Civilisation gallo-romaine）除此之外，具文藝復興風格的里昂舊城址、地中海風格的古羅馬劇場、富維耶教堂（Basilique de Fourvière）、紅十字區絲綢工作坊等古蹟景點都是國際旅客和旅行資訊所經常推薦的里昂旅遊必到景點。乘坐隆河或頌恩河上的遊輪得以瀏覽里昂市景。薄酒萊酒區（Beaujolais）、隆河谷地酒區（Côtes du Rhône）、羅地丘陵酒區（Côte-rôtie）等地也都是世界葡萄酒愛好者的朝聖之處。

　　作為百餘萬人口的大都會城，里昂匯集地中海與法國兩大風格，坐擁阿爾卑斯山滑雪勝地，與鄰近薄酒萊葡萄酒產地便利的交通與廣大的腹地，亦使里昂世

Tips

里昂位居歐洲 TGV 交通樞紐，與巴黎之間的車程約兩小時，里昂機場與一百多個國家有航線連結，屬於無須另行轉機就能抵達的國際航線目的地。里昂的城市大眾運輸政策著重在無車運輸系統，包括：將近一百公里的自行車道、百餘條太陽能公車路線。從里昂市中心均在一小時內車程抵達阿爾卑斯山滑雪勝地或薄酒萊葡萄酒區等旅遊勝地、約兩小時車程可抵達地中海海灘。

界級的廚師與餐廳雲集，成為歐陸首屈一指的美食重鎮。

里昂的成績單：台灣城市可以從里昂學到什麼？

里昂目前擁有遊戲出版、數位多媒體的世界第一的稱號。羅訥省以里昂為中心，聚集電影、視聽、電視電子遊戲、多媒體做為產業發展重心，每年銷售量超過十億歐元。數位中心的 2000 家公司僱用了約 30000 名員工，此外，里昂每年吸引約數百萬以上的觀光客，其中包含兩成以上的國際遊客，這些遊客參加了大約兩萬多項活動或盛會、每年超過一百種的各式表演也為旅館帶來觀光住宿的需求。2013 年的燈光節吸引了 3400 萬遊客。隨著商務活動及觀光旅遊需求的不斷增加，例行活動和會議活動所產生的收入也隨之增加。

由於首都巴黎的國際能見度較高，而使得里昂的輝煌歷史漸漸失去世人的注目和討論。然而，里昂市民與市政府卻不甘於被世人遺忘，他們選擇了勇敢的轉化過去的成就，積極擁抱先進科技、開發新的經濟模式，進一步將城市發展史上的各種亮點，串接成里昂城市的新風貌，因此重獲世界的目光與觀光客的青睞。

過去，這個城市因電影工業的開發而在世界舞台上嶄露頭角；現在，里昂也正傾盡全城的資源與力量，結合大學資源與產業界、吸引國際企業及國際人才進駐，積極整合電影、多媒體、燈光與觀光等領域的專業，致力於世界首屈一指的數位藝術之都。因襲過往的光榮、勇於選出足以傲立全球的唯一特色，未來的里昂仍將是眾人注目的創新與多媒體都市。

書香滿溢的古城

文學的搖籃：
英國諾威治

Norwich

Britain

- Norwich

鳥瞰諾威治：地理與人文

文學經典名著《醫師的宗教》（*Religio medici*）解開了化學之父——波義耳（Robert Boyle）對於科學與宗教信仰間的思緒矛盾，而此書的作者湯瑪士布朗爵士（Sir Thomas Browne）即出身在英國諾威治，他的作品沒有華麗的文藻，卻是雋永深刻，他的文章淺顯易懂且能夠直搗人心，是怎樣的城市才可培育出這樣的醫師作家呢？

在倫敦東北方約二小時的火車車程，有座全英國保留中世紀建築最完整的古城，這個城市擁有超過 1,500 個一級與二級古蹟，光保存下來的中世紀教堂便多達 30 餘間，它的名字就是諾威治。沒有大城市般的喧囂繁華，也缺少都會生活的多采多姿，卻有著讓人如沐春風的城市特質，這源於秀麗的景色與悠久的歷史，方孕育出諾威治深厚的文化底蘊，淬鍊出有別於倫敦、巴黎、紐約等國際大城市的特殊風情。

諾威治位處英格蘭東方，為諾福克郡（Norfolk）的郡治[1]，市中心有溫瑟姆河（River Wensum）蜿蜒而過，流域內有市政府核准經營的水上巴士船家，遊客可選擇二十分鐘至三個小時不等的各式行程，藉此從不同角度觀賞諾威治的閒逸與優雅；往東三十餘公里即可達北海海岸，前往大雅茅斯（Great Yarmouth）港或洛斯托夫特（Lowestoft）港享受沙灘美景與海岸風光。諾威治在推展城市觀光方面，不只把重點放在陸路景點的推薦，而能夠整合河岸、海岸的風景與活動，讓觀光的深度與廣度更為豐富。

除了透過鐵路連結倫敦、諾丁罕、劍橋……等地外，諾威治也有多條郡內主要幹道及高速公路與外界聯繫，另外，

Tips　諾威治大教堂
諾威治大教堂的賣點不僅是在其壯觀的建築設計，還擁有超過一千件的中古世紀雕刻與壁畫，而附近綠草如茵的景色也常吸引觀光客駐足。另外，附近的 Elm Hill 仍保有完整的中世紀街道景觀，街道旁也有許多咖啡廳與特色小店，別有一番風味。

離市中心僅約六公里左右的諾威治國際機場，每天則有九個航班飛往英國亞伯丁、愛丁堡、曼徹斯特及荷蘭阿姆斯特丹等大城市。整體來說，諾威治的地理位置雖然不是位於交通要衝之地，但在整個交通網絡建設上仍是相當完善。

　　諾威治城市的興起可追溯到西元 60 年左右，羅馬帝國跨海打敗波迪卡女王（Queen Boudica）所領導的愛西尼族（Eceni）後，便在當地設立地區首府 Venta Icenorum[2]，目前在諾威治的近郊仍有名為凱斯特羅馬鎮（Caistor Roman Town）的遺址可供追尋；值得一提的是，諾威治對於相關的古蹟保存與歷史研究早在西元 1920 年代便委由特定的組織：諾福克郡考古信託公司（Norfolk Archaeological Trust）有系統地進行。

　　西元五世紀左右，羅馬帝國對於不列顛島的統治力逐漸式微，許多盎格魯撒克遜人（Anglo-Saxons）開始在此定居，並建立了名為諾威克[3]（Northwic）的聚落。十一世紀中葉，征服者威廉（William the Conqueror）從歐洲大陸入侵英格蘭，帶來的諾曼文化改變了英格蘭的歷史走向，也影響了諾威治城市的發展與風貌；中世紀時期是諾威治城市建設的黃金年代，大量的教堂與城堡在此興建。諾威治官方列出的諾威治十二大建築景點，便有許多是在此時期所建造，例如：知名的諾威治城堡（Norwich Castle）是諾曼王朝所興建的皇家宮殿；西元 1096 年建造的諾威治大教堂（Norwich Cathedral）則是英格蘭保存最為良好的諾曼式教堂。工業革命爆發後，作為英格蘭中世紀第二大城的諾威治，因為缺乏原物料及礦產等天然資源，相對位置也不在運輸樞紐上，且主要發展的產業多集中在紡織、製鞋……等傳統產業，使諾威治的城市規模逐漸落後於其它工業大城，光輝已不如過往般閃亮，城市的轉型是諾威治城市領導者需要面對的難題。

1　在英國，郡治是各郡的首府，為政府與司法機關主要所在地。
2　在拉丁文的原意代表：愛西尼的市鎮。
3　諾威治的城市名字便源自於此。

諾威治的成功之道

前進的動力

　　二十一世紀的今日，缺少重工業作為成長引擎的諾威治卻走出不一樣的路，生物科技、人文藝術變成驅動城市前進的動力，諾威治成為充滿活力與讓人驚嘆的城市。諾威治並沒有因為傳統產業外移而凋零，根據 2013 年官方統計的資料顯示，目前諾威治的城市居住人口約達 22 萬人；自西元 2000 年後，諾威治是英國人口增長速度最快的城市之一，在勞動人口部分，成長的幅度更是達到驚人的 30% 左右。

　　諾威治現今的產業結構，以生技醫療產業的勞動人口比例最高，達 15%，主要原因在於當地政府、大學及教學醫院合作設置的諾威治研究園區（Norwich Research Park），此園區在食品、健康照護、環境等領域已是歐洲最頂尖的研究中心，園區內雇用人員超過 11,000 人，包含 2,700 名科學家，而政府的支持是諾威治研究園區得以成功的主要因素，以 2011 年為例，當地政便額外投入 2,600 萬英鎊（約 12 萬 6 千元台幣）作為協助該園區進行生物科技研發、設備擴展、吸引頂尖人才、新公司創設的經費，希望藉此創造更多的就業人口與經濟成長動能。另外，比較特別的是，在諾威治從事教育產業的人口高達近 10%，藝術、娛樂及休閒產業也有 5% 的就業人口。而上述的數據說明了諾威治在人才培育與知識經濟的投入皆獲得巨大成效。

文學奇才的誕生地

諾威治在 2012 年獲選為 UNESCO 文學之都（UNESCO City of Literature）的殊榮，深厚的文化底蘊絕對是獲選的關鍵。諾威治在文學領域擁有很多項「第一」的頭銜：

- 西元 1395 年，出版世界第一部由女性作家茱莉安（Julian of Norwich）撰寫的英文書籍《神聖之愛的啟示》（*Revelutions of Divine Love*）。
- 第一位創作無韻詩和十四行短詩體裁的詩人是諾威治的亨利‧霍華德（Henry Howard）
- 西元 1608 年，英格蘭第一座地方圖書館於諾威治創設。
- 西元 1701 年，英格蘭第一份地方報在諾威治發行。
- 西元 1850 年，諾威治是第一座施行公共圖書館（Public Library Act）的城市。
- 西元 1970 年，諾威治的東安格利亞大學（University of East Anglia, UEA）設立創意寫作碩士（Creative Writing MA）學位，開全英之先例。

此外，諾威治也培養出許多哲人與作家，例如：湯瑪斯‧潘恩（Thomas Paine），其於西元 1776 年所撰寫的《常識》（*Common Sense*）以及西元 1791 年出版的《人的權利》（*Rights of Man*）是當時世界廣為流傳的暢銷書，書中強調天賦人權等觀點啟迪了美國與其他殖民地的獨立運動；有「社會學之母」之稱的哈麗亞特‧馬蒂諾（Harriet Martineau）所撰寫的書籍與文章高達數百本，領域

涵蓋文學、政治、經濟、社會……等；印在五英鎊紙幣上的英國知名社會改革家：伊麗莎白・弗萊（Elizabeth Fry）皆出身於諾威治。文學在諾威治有著非常深厚的歷史根基，感染著當地的住民，正如知名作家伊安・麥克尤恩（Ian McEwen）所說：「文學已在諾威治這個美麗城市扎根，對 UNESCO 來說，諾威治是一個再自然不過的第一選擇……數百年來，許多作家認為這裡便像是一個夢幻之城」。

文創工作者的天堂

如果只仰賴過往的榮耀並不足以讓文化傳承，只有強化自有的利基，甚至轉化成獨特的競爭優勢才能站上世界的舞台。諾威治了解這樣的道理，歷史堆疊出的文學涵養只是成功的基礎，如何發揚才是真正的挑戰。為了培育、吸引更多的作家與讀者，諾威治市政府、諾福克郡政府、英格蘭藝術理事會（Arts Council England）以及東安格利亞大學於 2004 年共同合作成立諾威治作家中心（Writer's Centre Norwich），該機構根據來訪者不同角色提供不同的協助滿足各類人員的需求，包括，專業藝術家、作家、文創領域工作者或是一般讀者。舉例來說，對於專業藝術家，諾威治作家中心定期提供文創產業資訊與情報，也會舉辦各種專案邀請他們參與執行，另外，透過參與作家中心的活動，可幫助這些藝術家們連結業界的人脈與資源。對於作家，諾威治作家中心也開辦許多教育訓練課程供選擇，並舉辦相關競賽來鼓勵出版，同時也提供相關的書籍文章評論、免費的討論

會或是知名作家的分享會等相關活動讓眾多文字創作者可以一起討論、一同激盪新的創意；而為了讓作家有機會將心血呈現在世人面前，甚至安排與出版社定期座談，創造出許多作家與書商們的合作契機。

諾威治作家中心不只在專業人員的訓練與培養付出心力，為了讓文學深植於市民心中，不斷推出各類型的創意專案，讓各年齡層的民眾皆能夠參與。近期的空間專案（SPACE Project）就是很好的例子，作家中心開闢了一個專屬於年輕學子的空間，讓不同背景的孩童可以聚在一起分享寫作的創意與磨練創作的技巧，然而這不像台灣傳統的作文補習班，在這裡孩童透過討論會的方式天馬行空的敘說自己的想法，將內心的自然情感透過筆觸描繪出來，孩童對於寫作的自信逐漸增加，這裡訓練寫作的目的不是為了考試或是要培養出作家，而是讓孩童了解寫作的快樂。

除了針對年輕學子開設的寫作課程外，諾威治作家中心對於市民文學素養的提升也花費許多心力，有聲計劃（Voice Project）就是非常有效的方式；在普羅大眾的印象中，文學總是無聊難耐或是艱澀難懂，但作家中心透過開辦詩歌合唱團課程，將詩融於聖歌之中，以音樂為媒介，讓民眾可以領略詩意的美好。另外，諾威治作家中心幾乎天天舉辦各種與文學相關的活動，例如小說、詩、創意寫作、生活寫作工作坊或是讀書會……等，有眾多的工作坊供市民選擇，讓文學的推廣不只是單一方向，而是以多元的互動模式提升民眾的文學素養。

諾威治作家中心在發展成文學之都的歷程中，扮演著舵手的角色，有遠見地規劃與文學發展有關的城市策略，同時整合各方的資源執行各式的活動，諾威治

才得以成為 UNESCO 文學之都。為了讓文學的發展更上一層樓，諾威治作家中心投入 800 萬英鎊（約 4 億元台幣）籌設國家寫作中心（The National Centre for Writing），預計在 2016 年正式啟用。這個中心的誕生，代表諾威治將成為世界文學發展的重鎮，同時也活絡城市觀光、創意形象與商業活動，此將延續諾威治過往千年文學發展歷程的腳步，進而為文學之都創造新頁。

獨立出版商、書店、圖書館興盛

　　諾威治文化創意產業的發達，也造就了不少獨立出版商與書店，目前便有超過 25 間的小型獨立出版商以諾威治作為基地；而最有名的獨立書店就非傑拉德家族（Jarrod Family）莫屬，傑拉德家族除了在當地開設百貨公司外，其實早在十七世紀便將印刷與書本裝訂技術帶進諾威治，也在 1877 年協助安納・休厄爾（Anna Sewell）出版《黑神駒》（*Black Beauty*）一書，此書大賣五千萬本，也成為史上最暢銷書之一；目前傑拉德百貨的圖書部門仍是英國最重要的獨立書商，每年也會與諾威治作家中心共同合作舉辦東安格利最佳書籍獎（East Anglian Book Awards），以鼓勵優秀作家持續創作。

　　諾威治市中心著名地標的論壇大樓（The Forum）是個擁有大片落地窗的複合式功能建築，每年吸引超過 250 萬人次入內。大樓內有許多公共空間供市民作為展覽及活動的場地，有多家餐廳與咖啡店供遊客休憩，英國廣播公司 BBC 東英格蘭總部也落腳在此，最重要的是，全英國最多人造訪、借閱量最高的圖書館也是諾福克諾威治千禧年圖書館（The Norfolk and Norwich Millennium Library）

的所在地；在這樣悠閒的空間裡，可以從大片落地窗中看見男女老少沉浸在知識的殿堂，讓人不禁也想踏入其中，吸引市民來到此處汲取知識，為生活增添更多樂趣。

大學與企業合作提供就業機會

　　文化的推動若只依賴政府與民間力量是不足的，而諾威治邁向頂尖其中一個重要因素便是有東安格利亞大學（UEA）的從旁協助。UEA 有來自全球超過一百個國家的學生及研究人員，約 40% 的畢業生會繼續留在諾威治居住或就業，對諾威治來說，UEA 的角色便是能提供良好素質的人才以滿足城市經濟及文化發展的需求。因此，當地許多企業會提供實習及工作機會予 UEA 的學生，因而直接帶動諾威治研究園區的發展。UEA 在創設全英首屆創意寫作碩士學位課程後，培育出不少知名作家，而這些畢業生除了在個人領域不斷創作外，也為諾威治的文學基礎不斷向下扎根。此外，UEA 每年會與諾威治作家中心合作舉辦「國際文學節」（International literary Festival），邀請全球知名作家及學者，甚至是諾貝爾文學獎得主參與盛會，而會中的主要活動著重在作家間的交流與互動，在沒有觀眾的干擾下，作家們能夠盡情地分享彼此的想法與創意，這樣的交流會讓諾威治聽到來自世界各地不同的聲音，有助於城市的發展及提升國際能見度。

傳承古老節慶文化

　　諾威治的節慶文化已流傳許久，早在西元 1772 年，諾威治便舉辦了全英國最古老的藝術節慶：諾福克諾威治藝術節（Norfolk & Norwich Festival），而隨著當地政府的大力支持與獲得 UNESCO 文學之都美名的加持下，此節慶近年也已變成英國四大藝術節之一。諾福克諾威治藝術節於每年五月舉辦，為期 17 天的慶典中，活動可說是多采多姿，包含：音樂、戲劇、舞蹈、馬戲表演、視覺藝術……等，活動場地遍佈整個諾威治市區，有街頭表演，同時在論壇大樓與各古蹟建築中也有演出。除了諾福克諾威治藝術節外，諾威治每年十月也舉辦全英國最大的啤酒節（Norwich Beer Festival）、莎士比亞節（Shakespeare Festival）、WoW 音樂節……等各式各樣的節慶，可以說幾乎全年皆有慶典可參加，替諾威治帶來可觀的觀光效益。

諾威治的成績單：台灣城市可以從諾威治學到什麼？

　　在獲得 UNESCO 文學之都的殊榮後，諾威治每年觀光收入超過 5 億 7 千萬英鎊（約 285 億元台幣）。諾威治的成功，不單來自於它所擁有的自然風光與歷史澱積所產生的絕妙文學韻味，產官學界的連結也是成功的關鍵因素；當地政府了解自身特色，對城市的發展提出明確願景。並串連各相關產業，讓資源可以更有效的分配，進而締造出諾威治為全英第五大觀光勝地的亮眼成績。

　　為了讓諾威治的創意文化水準、投資環境、觀光收入更為提升，諾威治市政府已於 2012 年 12 月與其他民間企業、非營利機構共同出資組成「諾威治商業促進自治會」（Norwich Business Improvement District），該組織對城市的創意與人文發展能隨時提出具體策略，也能夠扮演中介者的角色，扶植連結當地企業以形成共榮的商業網絡，更統籌主辦城市各項推廣觀光的節慶與活動，目標是將諾威治打造為友善觀光城市，同時躍升為世界文學與創意的中心。

　　除了官方由上而下的政策投入之外，也成立結合官方與學界的諾威治作家中心。藉由中心的成立，除了幫助市民了解城市的歷史與文化，同時也塑造市民對於城市的共同未來想像，對於政府在相關文化政策的推動上更為事半功倍。

　　透過文學氛圍的營造，除了能夠讓市民團結一心，並對自己生活的城市產生榮耀感，若有其他文化元素的加入也能讓城市的創新激盪出不同的思維，所以與國際接軌是諾威治不斷努力的方向。作家中心及東安格利亞大學積極推展諾威治的國際化，例如舉辦國際文學節、文學研討會，打造國家級的寫作中心等，期望透過軟硬體的提升，吸引更多來自世界各地的文學家或創意工作者，透過外國人才的探訪與投入，讓文學的發展更加多元，也讓城市的發展在國際上更具競爭力。

血脈中有「電影」的 DNA

電影之都：
英國布拉德福德

Bradford

Britain

- **Bradford**

鳥瞰布拉德福德：地理與人文

世界第一個聯合國教科文組織認證的電影之都在哪？不是擁有好萊塢的美國洛杉磯，也不是蔚藍海岸旁的法國坎城，更非義大利的浪漫水都威尼斯，它的名字是「布拉德福德」；「世界羊毛之都」曾是它的頭銜，「英國咖哩之都」也是它的封號，這樣多變的城市為什麼可以成為電影發展的重鎮？

位在英格蘭北邊的布拉德福德是西約克郡（West Yorkshire）的第二大城[1]，紡織業曾是世人對它的烙印，老舊的工廠是城市的主要景色，走上沒落一途或許是既定的命運；但是，布拉德福德並不想就此認輸，它了解自己的血脈中有「電影」的 DNA，想要讓城市再次奮起，就是讓世人透過「電影」重新認識布拉德福德。

布拉德福德位處英倫本島的中部，北往蘇格蘭，南至其他英格蘭城市都很便利，尤其與英格蘭另一大城里茲（Leeds）僅不到半小時車程，與曼徹斯特（Manchester）也有高速公路貫通，而綿密的鐵路網更能夠讓旅客輕鬆探訪布拉德福德。另外，在城市東北方 10 公里處另有里茲布拉德福德國際機場（Leeds Bradford International Airport），該機場除了有班機飛往倫敦、格拉斯哥……等英國大城外，也連結法國巴黎、德國慕尼黑、義大利米蘭……等歐陸各大都會以及美國紐約。綜合而言，良好的地理位置與完善的交通建設讓布拉德福德成為南來北往的交通重鎮，也匯集了不少外地移民來此定居。

布拉德福德的城市歷史據信可回溯到十一世紀由盎格魯撒克遜人（Anglo-Saxons）所建立，中古世紀的布拉德福德

1　第一大城為里茲（Leeds）。
2　在西元 1850 年代，布拉德福德的市中心便有 38 座紡織廠。

並未在英格蘭的歷史舞台上嶄露頭角；在十九世紀初期，布拉德福德的經濟活動仍以農耕畜牧為主，城市人口僅約 16,000 人，直至工業革命爆發，地理位置的優越讓羊毛可以快速地運送到布拉德福德，而當地的砂岩石材則是用來建造廠房的上等原料，因此，紡織廠開始如雨後春筍般出現[2]，大量的工作機會吸引了外來移民，在短短五十年間，城市人口暴增六倍，城市人口數超越 10 萬人。在維多利亞女王主政的這段期間，英國工業革命的浪潮達到巔峰，也造就了布拉德福德城市發展的黃金年代。由於全英國約有三分之二的羊毛紡織品是從布拉德福德產出，而這些產品隨著日不落帝國的興盛大量銷往世界各地，布拉德福德便擁有了「世界羊毛之都」的美名。

布拉德福德的市中心有一處號稱為小德國（Little Germany）的街廓見證了曾有的輝煌年代。自十九世紀中期，許多德國商人來到布拉德福德投身於繁榮興盛的紡織工業，並在這邊陸續築起具有德國風情的羊毛交易所、商店與住家，總計從西元 1855 年至 1890 年間，此地便陸續蓋起 85 棟這樣的特色建築，其中有 55 棟更已被英國政府列為文化遺產。

西元 1950 年代，紡織業仍是布拉德福德的主要產業，人力的需求讓東歐、印度、巴基斯坦移民不斷湧入，也造就了布拉德福德多元的城市文化，而這樣的多元文化衝擊從飲食便可窺出端倪，市中心內便有超過二百間的亞洲餐廳，布拉德福德更自西元 2011 年起，連續三年獲得「英國咖哩之都」的美名。就是這樣多元文化融合的城市精神，孕育出以電影為主題的城市文化，千變萬化的城市面貌更有助於滋養出刻劃人生百態的影視工作人才；布拉德福德所擁有的歷史與人文就是影視工業最肥沃的土壤，而結出的電影果實自然也就更為香甜。

Tips

二十世紀末期，紡織工業逐漸成為夕陽產業，布拉德福德所仰賴的城市發展引擎慢慢停轉，廠房逐漸荒廢，失業率開始飆高，城市面臨著轉型的困境。對布拉德福德來說，過往的歷史背景是包袱也是轉機；根據 2012 年底官方統計資料顯示，今日的布拉德福德人口已達約 52 萬人，勞動人口約佔了 63%，與英格蘭其他城市的平均值相距不遠，值得注意的是，布拉德福德在年輕人口 則高達 23%，遠高於英國其他城市的 18%，這代表年輕勞動力將是布拉德福德未來競爭的利器。在產業結構部分，零售及服務業是目前城市主要產業，雇用的勞工人數已超過八成，預期仍會持續成長；製造業佔比約 13%，雖然比全英整體平均的 9% 略高，但已呈現逐年下滑的趨勢，紡織成衣業的從業人員更縮減不到 2,000 人。整體來說，布拉德福德目前正面臨產業轉型的過渡期，失業率仍高於英國全國平均水準的 8%，當地政府正努力以「電影」打造一個新的未來，期望讓城市再返榮耀。

聯合國世界遺產：索爾泰爾村

　　目前在布拉德福德便有一座名為索爾泰爾（Saltaire）的小村莊完整保留維多利亞時代的工業建築景觀，也紀錄下布拉德福德過往的風華絕代。該村莊是由提多‧索特爵士（Sir Titus Salt）於西元 1851 年開始興建，歷經 25 年後完工；索特爵士為了讓轄下的紡織廠工人能夠生活地更健康、快樂進而讓生產效率提升，因此在布拉德福德近郊建造了索爾泰爾村，村內包含紡織工廠、住家、醫院、學校、教堂、公園……等數百棟建築與休憩空間，與當時其他紡織工廠不同的是，村內每棟建築皆供應水及煤氣燈、工人居住的空間也較為寬敞，同時也力求將工廠的噪音與汙染降到最低，因此，索爾泰爾村在當時可以說是一個非常「現代化」的小鎮，而就是因為此村莊擁有非常好的公共建設，紡織廠直至西元 1986 年才正式熄燈。由於索爾泰爾村是世界上最早興建、規模最大、保存最好的示範村之一，因此，在西元 2001 年，索爾泰爾村正式被聯合國教科文組織列為聯合國世界文化遺產。

活化文化資產

　　索爾泰爾村的維多利式建築與工業時代氛圍令人嚮往，布拉德福市政府也充分活化這個文化資產，索爾泰爾目前已是布拉德福德重要的文化藝術園區之一，從西元 2003 年開始舉辦的索爾泰爾節（Saltaire Festival）便是將戲劇、音樂、藝術、美食、娛樂……等元素綜合在一起的嘉年華會，而電影相關活動與展覽更是節慶

Tips

索爾特爾村最著名的建築應屬位在村莊中心的索爾特爾聯合新教教堂（Saltaire United Reformed Church），他是英國維多利亞式建築中保留最完整的教堂之一，也已被英國政府列為一級古蹟。而在紡織廠結束運作後，村內不少建築被改設為展示廳、特色購物小店、咖啡店及餐廳，並設有美術館陳列布拉德福德當地藝術家大衛‧霍克尼（David Hockney）的作品，也會定期舉辦相關紀念活動與藝術節慶以吸引觀光客探訪。

吸引人潮的亮點；為期十天的展期將新銳導演或當地獨立製片的影視作品呈現在觀眾面前，也會放映特定主題或具有歷史意義的電影，以西元 2014 年的索爾泰爾節為例，便播放二十世紀初的經典默劇片《孤雛淚》（*Oliver Twist*），現場並有管絃樂團配合劇情進行演奏，在歷史建築、古典音樂與經典電影三者搭配下，讓民眾得到不一樣的特殊體驗，同時有寓教於樂的效果。索爾泰爾村吸引觀光客的不只在其「世界文化遺產」的頭銜，將歷史古蹟、藝術氛圍、在地特色、文創及電影產業進行緊密連結，讓遊客獲得多元體驗價值才是成功的關鍵因素。

電影，就是城市的名字

國家級的電影保存地

　　早在第一次世界大戰期間，布拉德福德的電影工業便開始萌芽；由於擁有大量的維多利亞時代建築，觸發了許多電影工作者的靈感，許多經典電影便在布拉德福德取景，例如：奧斯卡金像獎名導──約翰・史勒辛格（John Richard Schlesinger）於西元 1963 年執導的《說謊者比利》（*Billy Liar*）、獲得第 32 屆奧斯卡金像獎最佳改編劇本的《金屋淚》（*Room at the Top*）、2011 年勇奪奧斯卡金像獎最佳影片的《王者之聲：宣戰時刻》（*The King's Speech*）……等；在西元 2005 年至 2010 年間，便有超過 30 部電影及電視影集在布拉德福德拍攝及製作。另外，許多知名的電影工作者也來自布拉德福德，像是《貧民百萬富翁》（*Slumdog*

Millionaire）的奧斯卡金獎編劇——賽門・鮑佛依（Simon Beaufoy）……等；布拉德福德透過人文地景讓電影與城市有所連結，並以此為基礎，將電影的元素慢慢融入而成為城市的靈魂。

　　對於影視文化的保存，布拉德福德投入了大量心力，最讓人津津樂道的莫過於位在市中心的國家媒體博物館（National Media Museum）。該博物館成立於西元 1983 年，同年，全英第一個 IMAX 影院也在博物館內開幕，也是全歐洲首座常態播放 IMAX 電影的影院；另外，館內收藏超過 350 萬件與攝影、電影、電視、廣播、新式媒體……等與多媒體相關的重要歷史文物，平時也會舉辦與媒體藝術相關之展覽[3] 及教育訓練課程，期望能夠將與媒體有關的知識傳達給普羅大眾；做為全英國唯一以電影、電視、媒體為主題的博物館，國家媒體博物館每年可吸引超過 75 萬人次的觀光客前來探訪。另外，國家媒體博物館也負責統籌舉辦多項影展節慶，例如：自西元 1995 年開始舉辦的布拉德福德國際電影節（Bradford International Film Festival）、英國規模最大的動畫影展「布拉德福德動畫影展」（Bradford Animation Festival）……等，透過各種與電影相關的節慶舉辦，除了可以培養當地的新銳電影工作者以及提供他們表演的舞台外，也能夠拓展城市的國際能見度。

孕育電影工作者的搖籃

　　城市的轉型需要政府與民間多方共同合作才有成功的可能，布拉德福德能夠在西元 2009 年由 UNESCO 頒發「電影之都」的頭銜，其中最大的推手便是民

3　例如：在 2002 年為慶祝 007 系列電影 40 周年，國家媒體博物館便主辦了詹姆士・龐德（James Bond）特展，吸引了全球影迷前來朝聖。之後，該展覽也前往美國、加拿大等地巡迴展出。

間組織「布拉德福德電影之都公司（Bradford City of Film，BCF），該組織由藝術家、音樂家、企業家、大學教授、博物館主管等共同組成，並與布拉德福德市政府、國家媒體博物館、約克夏螢幕（Screen Yorkshire）電影投資公司等機關組織一同合作，推動布拉德福德的電影事務。從 BCF 的願景便能看出其對於城市的未來有非常遠大的理想，他們期許在西元 2020 年，電影能夠成為布拉德福德城市發展的核心，也是電影相關活動舉辦的首選城市，在地人們的生活將與電影有所連結，不論是來到這個城市工作或觀光的人們將無一不知道布拉德福德是電影之都！為了達成這樣的目標，BCF 提出了出四項行動策略：

1. 享受電影（Enjoy）：

　　目標是期望讓布拉德福德的在地民眾能夠更貼近電影，並從與電影的接觸中獲得更多生活樂趣。BCF 會提供相關電影設備予民間社團使用，也會安排場地讓居民可以觀賞當地獨立製片的電影；或透過競賽的方式，讓住民能夠拍攝自己專屬的電影，並有機會在各式節慶或活動中播放；總之，除了一般的商業電影在戲院播放外，布拉德福德創造各種機會讓一般市民能夠參與各式各樣的電影相關活動，除了「看」以外，也能夠身體力行。

2. 學習電影（Learn）：

　　目標是針對不同程度的電影工作者或愛好者，提供相對應的教育訓練課程。BCF 對於電影教育的推廣非常全面，除了與多所學校合作提供電影知識課程及

Tips
Bradford BCF 四項行動策略參考文獻網址
http://bradford-city-of-film.co.uk/

講座外，也會提供獎助學金給對電影有熱忱的年輕學子及博士班學生，甚至和布拉德福德大學（University of Bradford）共同設立與電影相關的碩士學位。BCF 在活動舉辦上也是別具巧思，舉例來說，BCF 曾經與國家媒體博物館共同舉辦「My City, My Family, My Film」活動，活動中邀請孩童與父母一同腦力激盪最喜愛的電影、分享家族歷史與家庭趣事，並將過程予以錄影並集結成一部部小電影，而這樣的活動不僅提升親子間的關係，也讓孩童可以對電影製作及相關知識有所了解，對於電影文化的扎根有很大的幫助。

3. 製作電影（Make）：

目標是對於想要製作或推廣電影的工作者提供相關支援。BCF 對獨立電影製作公司提供各種電影拍攝協助，例如：場地的協調、攝影器材的租借等；另外，也會協助安排電影院或舉辦試映會等活動來讓當地獨立製片的電影能夠呈現在觀眾面前。BCF 也曾在西元 2010 年與約克夏螢幕電影投資公司合作舉辦「You can make it」活動，參與者的年齡限定在 18 至 30 歲的年輕人，他們必須挑戰在 48 小時內製作一部與布拉德福德有關的小電影，而這個競賽活動設置最佳團隊、最佳演員、最佳劇本……等多個獎項，最終獲獎者能夠得到 1,000 英鎊獎金；獎金或許不多，但對於年輕電影工作者來說，這也是激盪創意、磨練技巧的好機會。

4. 探訪電影（Visit）：

BCF 希望將布拉德福德塑造為電影的代名詞，因此，目標是想讓觀光客能

夠為了電影而來布拉德福德觀光。BCF 對於電影城市意象的推廣不遺餘力，電影觀光地圖製作、將電影藝術應用到城市地標建築、爭取各種電影節慶與活動的舉辦等，都是 BCF 所做出的努力。

布拉德福德的成績單：台灣城市可以從布拉德福德學到什麼？

　　布拉德福德的城市發展歷程便如電影般高潮迭起，從往昔以紡織業為主的城市經濟到今日力圖轉型成為電影文創城市，這是一段漫長而艱辛的路程，2009 年被 UNESCO 評選為「電影之都」並非代表城市創新的終點，而是另一段努力的開端。布拉德福德對於電影的推廣已付出相當多資源，也有相當的成果，在布拉德福德，目前已有超過 30 間戲院供民眾選擇、超過 300 部電影來此取景、有 5 個學院提供超過 45 門不同的電影相關課程給電影工作者、三年內幫助超過 150 位獨立電影製片者、三年內製作出 30 部電影等，這些數據看似光鮮，卻是需要長期且持續的資源投入。

　　布拉德福德善用城市地景與歷史，並提供各項資源補助，讓電影工作者願意來到布拉德福德創作、取景，而電影也成為布拉德福德最好的宣傳工具。除了吸引觀光人潮探訪這些劇中景點外，也創造出有利於當地電影工業發展的氛圍。另外，布拉德福德深知人才是城市發展的動力，在布拉德福德，市民平時主要休閒娛樂便是觀賞電影。對於要如何讓更多的人才投入於電影工業格外重視，因此藉由國家媒體博物館的興建讓城市居民能夠更貼近電影，而該機構所舉辦各項與電

影相關的課程與節慶活動也激發出民眾對於電影製作的好奇心，對於電影文化在城市的萌芽具有很大的成效。

　　針對有意朝電影工業發展的有志之士，布拉德福德則根據個別的需求提供適當的資源，從知識的傳授、人脈網絡的牽線、拍攝工具及場地的租借以至於創造、提供各式表演平台給電影工作者展現自己的成果，一部電影從無到有所遇到的各種困難都可以在布拉德福德得到協助。就是因為當地政府與民間團體能夠有計畫地推廣電影相關事務並提供電影工作者實質的協助，讓布拉德福德的電影工業不再只是因為有適合的「景物」可做為電影場景而發展，而是成為解決電影人「疑難雜症」的電影工業重鎮，因此，可以預見這樣的發展結果將吸引更多外來電影人才與資金的投入，對於產業聚落的形成將有極大的助益。

結語：讓台灣城市說出美麗的故事

　　城市的智慧來自於當地政府、居民、企業與各類組織智慧的集結，正向的稱之為智慧，負向的則是衝突。本書介紹的七個創意城市，在發展過程中必定經過不斷的折衝溝通與協調，才能凝聚共識，最後全力發展，成功的獲得聯合國教科文組織的青睞。

　　目前，全球遍地開花的時尚觀念是，不論大城小城都在尋找自己的特色與定位，企圖打開國際知名度。在此潮流下，過去工業社會帶來人與人之間的疏離，漸漸起了改變，鄰居開始互相打招呼，水泥隔牆打掉了，變成了番茄矮籬，兩戶人家一起採收番茄，愉快的聊天，聊小孩，聊如何使社區更安全更美麗，因而有了實際行動。例如不少「可食風景」（以可以吃的蔬果打造成社區風景）應運而生，吸引了全球的注目與報導，結果當地居民有了社區的驕傲，大家更加團結，為了整體的利益，無私的貢獻時間、專長、甚至金錢，活出了生命的價值與快樂。

　　這是一幅多麼美麗的安和樂利圖畫，城市的定位起源於在地居民智慧的凝聚，然而成功的發展成大家喜愛的城市，有賴當地政府、居民、企業與各類組織為了整體利益，無私的合作。本書第一章瑞典媽媽廚師成功的促成了家鄉美食之都的認證，除了其智慧、見識、無私的勇氣、執著、與不屈不撓的精神之外，周邊關鍵人物與制度環境的配合亦不可或缺。雖然本書介紹的七個聯合國創意城市分屬不同的類別，也都各有其歷史背景與人文特色；然而在發展的過程中，也有一些共同的特性，就是所謂的成功關鍵因素，以下綜合整理這些城市在演進過程中的異與同。

聚焦特殊亮點

　　非常明顯的是，每個創意城市都在諸多項目裡找到一、兩個最能代表該城市特色的亮點，加以發揮含維護、改善、精進、包裝、宣傳等。這些亮點有的具有深厚歷史文化的支撐，例如日本金澤的金箔工藝、漆器、和服織品與能劇，是因為前田家族為了規避政治鬥爭，刻意發展對當權者不具威脅的文化藝術，累積了數百年的精緻藝術，其中雖曾式微，後來與現代科技結合和多方的加持，成功的轉型，歷久而彌新。

　　又如音樂之都西班牙的賽維利亞，大家耳熟能詳的歌劇《賽維利亞的理髮師》，熱情的佛朗明哥舞蹈都是出自賽維利亞，其在音樂上的地位有其不可撼動的優勢。美國的聖塔菲是荒漠中的小城市，卻能吸引無數的藝術家，連美國最具代表性的女畫家喬治亞‧奧基芙（Georgia O'Keeffe）也定居於此。它的魅力來自於保留了拉丁與印地安的歷史傳統，再與美國的文化交織，形成多重文化豐厚的藝術與建築，因而帶來了蓬勃的藝術產業，2005年七月該市同時得到聯合國的雙認證，即工藝民間藝術與設計兩種創意城市的美名。

　　有的城市能將劣勢轉成優勢，創造出其他城市不易模仿與複製的特色。最明顯的例子是瑞典的厄斯特松德，一般人認為長時間冰天雪地的城市，不容易發展，當地人卻看到了它適合有機種植、食物甜美的一面，成就了美食之都的美名。有的城市因為歷史事件或人物而沾光，例如英國諾威治出版了世界第一部女性撰寫的英語書籍與第一份地方報紙，當地詩人亨利‧霍華德（Henry Howard, 1517-1547）首創無韻詩和十四行短詩的體裁。該市也是十八世紀著名思想家和作家湯瑪斯‧潘恩（Thomas Paine，1737-1809）的故鄉。美國憲法的起草便深受潘恩《人的權利》（Rights of Man）的影響。而作家伊恩‧麥克艾文（Ian McEwan）是英國首位以文學創作和創意寫作（Creative Writing）取得碩士學位的人。諾威治以這些事件與人物為基礎，持續的發展成文學之都。

　　有的城市運用其人物、建築與地景包裝成亮點，例如英國的布拉德福德擁有典型維多利亞時代的城鎮和鄉村風景，約六千棟的古代建築是極佳的電影拍攝地

點。《呼嘯山莊》、《簡愛》、《艾格尼斯·格雷》作者艾蜜莉、羅蒂和安妮·勃朗特的故鄉就在該市的哈沃斯（Haworth）。在布拉德福德有十幾處由來自世界各地的專家在此拍攝出許多經典電影的場景。在電視發明以前，布拉德福德曾經有 45 家戲院在當地營業。近期因《貧民百萬富翁》（Slumdog Millionaire）而獲得奧斯卡最佳原創劇本獎的賽門·比爾佛伊（Simon Beaufoy）也出身於此。以上這些都是無形的文化資產，善加利用，並持續朝特色發展的城市，就成了典範。

多數居民參與

　　城市的特色必須居民感同身受，活出該特色，並以該特色為榮。例如媒體之都法國里昂每年十二月初的燈光節，幾乎是全民參與。雖然它的起源有不同的傳說，其中之一是中世紀里昂犯了鼠疫導致無數人喪生，為了拯救城市，當地官員和貴族向聖母馬利亞祈福，不久瘟疫退去，里昂人為了感恩，決定在每年十二月初點燃窗前的小蠟燭。發展至今每年的燈光節，里昂的每一個廣場、每一條街道、每一座建築，都裝飾著各種精美的燈光，節慶主辦單位也利用廣場和大型建築物，精心佈置了約 70 處大型燈光裝飾和表演，這些都是光影設計師們用聲、光、與電，規劃設計出的壯觀展品。燈光節已是里昂人每年最大型的全民活動。

　　又如瑞典的厄斯特松德，如果沒有農人、餐廳、中間商、企業家、節慶主辦單位、甚至政府機構如觀光局的參與和配合，再多的好點子，也可能胎死腹中。再如美國的聖塔菲，政策規定市內所有的新建築都必須表現出西班牙村莊風格（泥草牆）和木頭的結構，若當時居民抗議政府干涉居住的自由而不願配合，建築便無法形成聖塔菲的特色，也因而無法與該市之藝術互相呼應，吸引藝術愛好者。日本金澤的發展，也獲得了市民的認同與加持。雖然金澤的藝術品精緻，但是相對昂貴，然而市民以擁有金澤的藝術品為傲，因此金澤不必完全仰賴觀光客帶動其經濟發展。而且金澤的父母很樂意送子弟去工藝學校，學習一技之長。更讓人佩服的是為了保持傳統的能劇，金澤的民間團體自主成立協會、基金會到各地去巡迴演出，也捐錢給年輕的藝術家到國外去研習、去舉辦藝術展，增加當地藝術家之國際能見度，同時帶回在傳統上創新的能量。

　　而諾威治的文學沙龍固定於每個月的第一個星期二晚上舉辦，邀請作家、翻譯家、文學專家與文學愛好者一起享受輕鬆有趣的夜晚。諾威治寫作中心，一整年都有不同的文學相關活動，例如針對年輕人舉辦各種不同的工作坊，也有小孩讀書俱樂部，各種不同的文學團體，無論在書店與地區圖書館裡，全年都有不同的藝文活動。很特別的是甚至在當地的百貨公司內有一家得獎的圖書百貨城。諾威治的這一切努力，都邀請全民參與，提升文學素養，努力使閱讀與創意寫作融入居民的生活中。獲得文學之都則驗證了該市的努力已經有了具體的成果。電影之都布拉德福德的街頭，經常可看到拿著攝影機的大人、小孩，有些是電影工作坊的學員，有些是電影愛好者，小孩則耳濡目染喜愛攝影。當地人在此建立了一座英國最大、也是唯一的攝影、電視與電影主題博物館，也是國家媒體博物館（National Media Museum）。

　　城市的創新與城市個性，必須經由多數居民的參與、淬練、實踐演化而來。如果只是小眾人口或政府單位的興趣與專案，將會曇花一現，無法擴散，無法持久，也無法成為城市真正的特色。上述的典範城市在各自的特色領域，不斷的深化，並已經融入眾多居民的生活中。

傳承下一代

　　這些城市在特色發展的過程中，非常強調有規劃有系統的傳承給年輕人，含正規與非正規教育體系的建立。像瑞典的厄斯特松德附近，就有國家級服務小農的食品處理與研究中心，研發並教導小農食物處理技術，也有正式的食品學院，廚師技職教育與各種不同的食品產業工作坊與實習的安排。日本金澤的工藝、藝術教育體系更是完備，1996 年金澤市長宣布要成為世界知名的日本傳統工藝與藝術重鎮之後，當年即成立了金澤傳統工藝研究院，並舉辦國際工藝與藝術競賽。不久成立傳統藝術培訓基金會，展開各種傳統藝術的傳承與精進。2008 年又成立兒童藝術基金會，協助設立兒童工藝與藝術學校，計畫性的傳承日本傳統工藝技術。

　　英國的諾威治特別開設年輕人與兒童專屬的創意寫作班，目的在培養優質

的下一代；而英國的布拉德福德透過專業人士與學校青少年的提倡，創立電影相關應用程式，鼓勵新科技與電影結合，吸引年輕人投入此產業。西班牙的賽維利亞則鼓勵小學生參加巴洛克樂團組成的古董音樂與西班牙遺產之教學計劃，學生若接受培訓課程可享受每一場音樂會與每項相關活動，目的是提升當地學生從小對音樂的認識與理解。當地的大學亦成立了音樂相關的科系，希望年輕人從事音樂學習，並鼓勵音樂專業人士參與更多的音樂活動與傳承，目前該城市已有 33 家樂器行以及 16 家音樂製作公司。為了擴大音樂教育對整體社會的正向影響，當地政府特別設立音樂教育與培訓中心，同時邀請當地的藝術家與創造者共同參與，並致力於提供兒童的音樂訓練。

節慶的綜效

　　這些創意城市大部分一年四季都有不同的活動包括特殊的節慶，以保持城市的活力，而節慶除了增加觀光人數之外，也帶來了產業與節慶間的綜效。里昂提供了產業綜效極佳的例子，電影技術是由里昂的盧米爾兩兄弟發明的，電影拍攝需要布景、家具、衣物配件與各種道具，許多都用縮小版放大，容易控制也節省成本，因此里昂的迷你物件製造技術非常高明，而人物造型之面具與化妝術，像星際大戰與外星人電影中主角和怪物的面具在迷你博物館都看得到，發展出一個獨特的周邊產業。里昂的燈光節展出了千變萬化、五光十色的燈舞，有些燈秀還有動人的故事，因而造就了周邊產業的蓬勃發展，例如電腦軟體、燈光設計、服裝設計、多媒體、遊戲、傳播、節慶顧問公司等產業，也吸引了這些產業高端人才的進駐。

　　里昂除了每年 12 月初固定的燈光節，還會有不同的節慶，例如 2014 年九月里昂歌劇院展出 130 齣歌劇所用之服裝；十月盧米爾電影節，放映 70 部著名電影；二月底到十二月初有巴洛克文物展加上九場音樂會，介紹巴洛克時期的音樂代表巴哈如何影響莫札特與後世一些作曲家；六月中旬到九月初，除了星期日，每晚七時都有免費的爵士樂演出等。瑞典的厄斯特松德冬天有冬之市場，靠近聖誕節時有聖誕展覽會，夏天是美食節、街頭音樂節與戶外的探索自然，秋天則有

秋之宴。這些都成了固定的節慶與活動，除了官方的文宣，主辦單位在宣傳時都互相推薦，例如在滑雪聖地的活動廣告上，就會有美食的介紹，彼此拉抬，讓來訪的客人知道該市一年四季都有好玩的活動，吸引觀光客重複來訪。

位於西班牙南部的賽維利亞每年三月舉辦一整個月的古代音樂節，著重保留傳統音樂，會安排 26 場音樂會，其中一個星期都以弦樂演出，像吉他與傳統弦樂器，除了傳承傳統音樂和樂器，也讓年輕的樂團與歌手有機會演出，不但受到西班牙人的喜愛，也吸引了大批歐洲的觀光客。安達魯西亞（Andalusia）區每年約有三千種不同的節慶，由區內約 800 多個社區所舉辦，最有名最大型的是聖人週與四月慶典。復活節的前一個星期是賽維利亞的聖人週（Semana Santa），主要的活動是裝飾各種宗教人物故事的遊行，每天遊行有不同的氛圍，從開始的莊嚴肅穆到耶穌復活歡樂的氣氛。聖人週結束兩個星期後，又開始為期一週的四月慶典，通常於星期一的凌晨有 50 呎高的點燈開幕式，會場上搭起一千多頂裝飾漂亮的帳棚，除了吃喝玩樂，還有佛朗明哥舞蹈、街舞、鬥牛、馬車遊行等，每天早晨馬車會載著穿佛朗明哥舞蹈服的女士在街上遊行，晚上則有鬥牛，非常熱鬧，閉幕時的煙火秀也很壯觀，吸引了許多觀光客。同時賽維利亞更舉辦各式各樣的國際音樂活動，例如國際電影原聲會議、交響音樂節、世界音樂與傳統音樂等等，推廣該城市之音樂美名。

除了亮點節慶外，這些城市都會設計不同的活動、慶典，塑造與宣傳自己城市的特色，也取得活動的綜效，增加城市行銷的效果。

學術機構參與

這些城市大部分在發展成創意城市的過程中都有大學或研究機構的參與，里昂除了有三所公立大學之外，另外有 14 所私立大學或專業學院，培養出不少人才，里昂成為媒體之都與其吸引在地就學學生，畢業後留下來成為媒體工程師、光電設計師、動畫家等息息相關。英國的諾威治成為文學之都與東安格利亞大學（University of East Anglia）關係密切，該校每年舉辦兩次國際文學節，其創意寫作中心是世界上同類性質最著名的機構之一，該中心計畫在 2016 年設立一個耗

資 800 萬英鎊的國際寫作中心（International Centre for Writing），未來必能成為國際上的文學重鎮。美國的聖塔菲藝術與設計大學與聖塔菲學院，都是支持該市的藝術與設計獨樹一格的重要伙伴。

　　瑞典的厄斯特松德的廚師培養多在高中高職層級，然而擁有國家級的食品處理與研究中心，讓瑞典傳統的廚藝得以保存並精進，是正規與非正規教育非常好的結合。日本金澤傳統工藝與民間藝術的發展，也歸功於正規教育體系的建立與各類基金會的從旁協助。西班牙的賽維利亞為了保存傳統音樂，也在附近大學設立相關科系。英國的布拉德福德成為電影之都，除了得天獨厚的擁有極佳的電影場景之外，相關大學亦功不可沒。布拉德福德大學提供大學、碩士與博士層級的電影正規教育，布拉德福德學院與國際呼嘯公司（Whistling Woods International）共同成立 WWI 電影學校，提供電影碩士、藝術與動畫設計師、動畫攝影師學位等，在印度孟買有分校，該分校在亞洲已是電影、電視、動畫、多媒體的重要機構，被好萊塢記者評為全球最好的十所電影學校之一，這也說明了最近印度題材的電影獲獎的原因。其他還有含北方大學電影學校等九所學校、機構、博物館、社團都開設電影相關課程，努力的共同發展電影產業。

　　大學與研究機構是創新與人才的來源，經由這些機構的參與，城市的創新更能找到利基，也更能因為專業人才而紮根。

官方加持

　　城市創意必須形成習慣與制度化才能順利啟動、擴散與歷久不衰，因此官方加持是關鍵因素。瑞典的厄斯特松德成為美食之都，可說是始料所未及，該市市政府雖然起初並不熱衷，後來願意以有限的資源，讓一位有勇氣的女廚師試試看，並派出一位官員與其配合，完成了艱鉅的任務。

　　其他重要的官方協助除了提供資源，還包括傳承的制度化、橫向的協調、與海外形象塑造。非常清楚的，創意城市若要永續，傳承下一代最為重要、且必須有長遠的規劃，正式教育體系的建立如布拉德福德的電影學校或金澤的工藝藝術學校，政府單位必須首先允許其設立，再來就是長期的投資，讓城市的特色得以

在穩定的環境中保存與精進。接著是非正規教育體系的投資、引導或獎勵，厄斯特松德國家級的食品研究是政府協助產業發展的長期投資，補充正規技職教育體系的不足，也可以用制度引導或獎勵企業家或專業協會提供非正規的專業教育。

　　橫向的協調是城市發展非常重要的環節，政府可以創造各種機會，讓原本無交集的產業開始對話，形成生命共同體。以瑞典厄斯特松德為例，政府會邀請各行各業的企業主會談，聽聽他們的需求與意見，資訊整合起來就有許多可做的事。例如滑雪季時，訪客與選手們需要高熱量的飲食，就請美食餐廳設計適合滑雪者的餐食；而冬季運動研究所也邀請廚師協助研究冬季飲食。原本無相關的活動，例如音樂季廣告順便介紹登山的活動等。政府的觀光局對各種熱門活動均有專書詳細介紹，而不是只有展示企業提供的宣傳單。

　　海外形象塑造是欲與國際接軌的城市必須重視的課題，以文化創意為發展方向的城市，目的之一是取得國際認同，打開國際知名度，單一企業或產業都無法竟其功。日本金澤投資於協助年輕藝術家到海外開辦藝術展、參展、舉辦國際競賽等都是以城市的高度，去塑造金澤工藝與藝術重鎮的形象。而法國里昂市的官版首頁（http://www.en.lyon-france.com/），很清楚的傳達，「這是個你不能錯過的城市，春夏秋冬都適合造訪。」其中的介紹範例如「冬天滑完雪，可到里昂來放鬆幾天，這裡是購物天堂，有各種價美物廉的名牌；若戶外太冷，可參加週末的各類活動與慶典。若冬天不是您的季節，春天百花盛開、秋天秋葉轉紅，都非常美麗；從室內的迷你博物館到室外的 Tony Garnier 博物館都讓您美不勝收。如果您喜歡夏天，來划船或遊湖，公園裡有許多水上活動……」。

　　官方加持是城市創意紮根、制度化與永續的根本之道，地方政府若能前瞻思考，與民間共同找出城市優勢，提供其發展的有利環境，不讓短期利益犧牲城市長期的發展，則居民有福，城市有福。

期待台灣城市轉型成功

　　以上整理聯合國認證的七種創意城市在發展的過程中，可供台灣城市借鏡之處，並以聚焦特殊亮點、多數居民參與、傳承下一代、節慶的綜效、學術機構參

與、和官方加持六個項目，分別敘述關鍵成功因素。這些城市人口都不多，最多的是賽維利亞約 70 萬人，接著是 40 幾萬人如里昂（大里昂則上百萬）與金澤，相當於新竹與宜蘭的人口，還有少於 10 萬人的城市。經由地方政府、企業、非營利組織與居民的共同努力，打造出的特色，聞名國際，讓人敬佩。

　　台灣也非常努力進行城鄉再造，雖然鼓勵一鄉一特色，卻大多為季節性，若能深入地方文化與傳統，說出美麗動人的故事，讓四季均有活動並產生綜效，才能帶動相關產業的發展。又形塑城市特色，地方政府資源必須到位，若想面面俱到，資源投資分散便不易形成特色，因此邀請居民參與討論城市定位非常重要。大學是許多創新的來源，目前台灣的大專院校數量過多，面臨很大的挑戰，或許現在正是搭配城市特色轉型的好契機。台灣一鄉一特色的海外曝光度還可再強化，若只在講華語的地區進行宣傳，將有其侷限性。這七個城市中有四個非英語系國家城市，特色形塑時都以國際市場的高度進行規劃，並未受到語言的限制。台灣城市的創新與文創產業的發展有五千年的中華文化為基盤，又有受殖民時留下的文物，交會出的歷史文化與生活故事必定豐厚，有待各個城市去發掘、去傳頌、去經營。

　　本書簡單介紹七個創意典範城市的部分發展歷程，提供有興趣人士參考，期待二、三十年後可看到台灣城市轉型成功，吸引國內外人才在此安居樂業，因為有人才才有未來！

參考資料

http://www.en.lyon-france.com/en/Discover-Lyon/Nature-Landscapes/When-to-come-to-Lyon。

http://www.spain.info/en/que-quieres/agenda/fiestas/sevilla/feria_de_abril.html

http://blog.traveleurope.com/en/femas-old-music-festival-in-seville/

http://bradford-city-of-film.co.uk/learn/film-courses-and-training/

附錄　**UNESCO** 創意城市

類型	城市
文學（Literature）	蘇格蘭 愛丁堡 Edinburgh,Scotland(2004.10) 澳大利亞 墨爾本 Melbourne,Australia(2008.08) 美國 愛荷華 Iowa City,USA(2008.11) 愛爾蘭共和國 都柏林 Dublin,Republic of Ireland(2010.07) 冰島 雷克雅維克 Reykjavik,Iceland(2011.08) 英國 諾威治 Norwich,United Kindom(2012.05)
電影（Film）	英國 布拉德福德 Bradford,United Kingdom(2009.06) 澳大利亞 雪梨 Sydney,Australia(2010.11)
音樂（Music）	西班牙 賽維利亞 Seville,Spain(2006.03) 義大利 博洛尼亞 Bologna,Italy(2006.05) 英國 格拉斯哥 Glasgow,United Kingdom(2008.08) 比利時 根特 Ghnt,Belgium(2009.06) 哥倫比亞 波哥大 Bogota, Colombia(2012.03)
媒體藝術（Media Arts）	法國 里昂 Lyon,France(2008.06)
美食（Gastronomy）	哥倫比亞 波帕揚 Popayan,Colombia(2005.08) 中國 成都 Chengdu,China(2010.02) 瑞典 厄斯特松德 Östersund,Sweden(2010.07) 韓國 全州 Jeonju,Republic of Korea(2012.05)

工藝與民間藝術（Crafts and Folk Art）	美國 聖塔菲 Santa Fe, USA(2005.07) 埃及 阿斯旺 Aswan,Egypt(2005.09) 日本 金澤 Kanazawa,Japan(2009.06) 南韓 利川 Icheon,Republic of Korea(2010.07) 中國 杭州 Hangzhou,China(2012.04)
設計（Design）	美國 聖塔菲 Santa Fe, USA(2005.07) 阿根廷 布宜諾斯艾利斯 Buenos Aires,Argentina(2005.08) 德國 柏林 Berlin,Germany(2005.11) 加拿大 蒙特利爾 Montréal,Canada(2006.05) 日本 神戶 Kobe, Japan(2008.10) 日本 名古屋 Nagoya,Japan(2008.10) 南韓 首爾 Seoul, Republic of Korea(2010.07) 中國 深圳 Shenzhen,China(2008.11) 中國 上海 Shanghai,China(2010.02) 法國 聖艾蒂安 Saint-Étienne,France(2010.11) 奧地利 格拉茲 Graz,Austria(2011.03) 中國 北京 Beijing,China(2012.05)

魅力城市：七大世界創意之都的智慧與人文力量

作　　　者——林月雲　張朝清　劉鳳娟　林智偉
主　　　編——林芳如
執行企劃——林倩聿
美術設計——張溥輝
內頁排版——宸遠彩藝
董 事 長——趙政岷
總 經 理
總 編 輯——余宜芳
出 版 者——時報文化出版企業股份有限公司
　　　　　　10803台北市和平西路三段二四〇號四樓
　　　　　　發行專線—（〇二）二三〇六六八四二
　　　　　　讀者服務專線—〇八〇〇二三一七〇五
　　　　　　　　　　　　（〇二）二三〇四七一〇三
　　　　　　讀者服務傳真—（〇二）二三〇四六八五八
　　　　　　郵撥——九三四四七二四時報文化出版公司
　　　　　　信箱—臺北郵政七九～九九信箱
時報悅讀網——http://www.readingtimes.com.tw
電子郵件信箱——ctliving@readingtimes.com.tw
第一編輯部臉書——http://www.facebook.com/readingtimes.fans
大眾新潮線臉書——https://www.facebook.com/tidenova?fref=ts
法律顧問——理律法律事務所陳長文律師、李念祖律師
印　　　刷——華展彩色印刷股份有限公司
初版一刷——二〇一四年十一月二十一日
定　　　價——新台幣二三〇元

國家圖書館出版品預行編目資料

魅力城市：七大世界創意之都的智慧與人文力
　量 / 林月雲著. -- 初版. -- 臺北市：時報文化,
　2014.11
　面；　公分.

　ISBN 978-957-13-6105-5(平裝)

1.旅遊　2.都市　3.世界地理　4.城市發展

719　　　　　　　　　　　103020064

本書為教育部補助國立政治大學邁向頂尖大
學計畫成果

ISBN 978-957-13-6105-5
Printed in Taiwan